Flávio Alves Barbosa

Descomplicando o Complicado:
Aprendendo a fazer uma monografia em três dias

Descomplicando o Complicado:
aprendendo a fazer uma monografia em três dias

Copyright© Editora Ciência Moderna Ltda., 2010.
Todos os direitos para a língua portuguesa reservados pela EDITORA CIÊNCIA MODERNA LTDA.
De acordo com a Lei 9.610, de 19/2/1998, nenhuma parte deste livro poderá ser reproduzida, transmitida e gravada, por qualquer meio eletrônico, mecânico, por fotocópia e outros, sem a prévia autorização, por escrito, da Editora.

Editor: Paulo André P. Marques
Supervisão Editorial: Aline Vieira Marques
Capa: Flávia Lamego
Assistente Editorial: Ana Cristina Andrade

Várias **Marcas Registradas** aparecem no decorrer deste livro. Mais do que simplesmente listar esses nomes e informar quem possui seus direitos de exploração, ou ainda imprimir os logotipos das mesmas, o editor declara estar utilizando tais nomes apenas para fins editoriais, em benefício exclusivo do dono da Marca Registrada, sem intenção de infringir as regras de sua utilização. Qualquer semelhança em nomes próprios e acontecimentos será mera coincidência.

FICHA CATALOGRÁFICA

BARBOSA, Flávio Alves.
Descomplicando o Complicado:
aprendendo a fazer uma monografia em três dias
Rio de Janeiro: Editora Ciência Moderna Ltda., 2010

1. Metodologia científica
I — Título

ISBN: 978-85-7393-928-6   CDD 001.42

Editora Ciência Moderna Ltda.
R. Alice Figueiredo, 46 – Riachuelo
Rio de Janeiro, RJ – Brasil   CEP: 20.950-150
Tel: (21) 2201-6662 / Fax: (21) 2201-6896
LCM@LCM.COM.BR
WWW.LCM.COM.BR

"Tanto devido ao seu próprio bom senso, como também por causa do seu poderoso senso de autovalor — notadamente do que deve ou não deve ser feito — este trabalho é dedicado a única pessoa que realmente sabe a razão de ser deste texto. E que, além disto, também é o motivo principal de todas as minhas realizações atuais e futuras... Até porque, o que seria de mim sem o carinho, sem a atenção e, sobretudo, sem o amor incondicional de Isabelli!?".

Introdução

"A qualidade é cumprimento de requisitos."
(Crosby)

Apenas duas palavras resumem este trabalho. A primeira delas é polêmica e a outra inteligência. Visto que muitas considerações que serão expostas no decorrer deste texto poderão ser (e realmente o são!) muito ásperas e até deselegantes para algumas pessoas. Contudo, apenas será para aquelas que são melindrosas, covardes, invejosas e até egoístas. Sobretudo para aqueles professores que adoram se impor de tal forma para com os seus próprios alunos que morreriam de pavor — ou quem sabe de raiva! — com a publicação escancarada de tantos fatos como aqueles que serão divulgados neste trabalho simples, direto e conciso.

Como sabemos, ser avaliado é um dos maiores medos de qualquer pessoa e avaliar, consequentemente, é uma das maiores dificuldades para quem visa agir de forma justa e imparcial. No entanto, mesmo que seja algo inconsciente e até automatizado, geralmente o que se encontra no mundo são pessoas que não gostam de ser avaliadas e que quando avaliam procuram agir de uma maneira desumana e, portanto, quase sempre injusta e parcial. Seguramente, ser professor não é fácil, porém o difícil é ser mestre, pois quem só aplica e não procura esclarecer de forma alguma quais são os critérios que correspondem exatamente ao cumprimento de uma boa nota não é apenas um péssimo professor, entretanto um péssimo indivíduo. Da mesma maneira que uma pessoa que desvenda, de forma simples, os segredos que são necessários para o aprendizado de certas coisas é um mestre e, consequentemente, uma excelente pessoa. De qualquer modo, percebe-se que o que o aluno experto precisa é descobrir e, em seguida, repetir, deslavadamente, os critérios que são imprescindíveis para se ter — na imensa maioria das ocasiões, inclusive — uma boa nota. Eis aí, ao pé da letra, o que é ser inteligente na escola, pois nem sempre encontramos os mestres que precisamos, todavia quase sempre nos deparamos com as péssimas pessoas que nos atrapalham.

Além disso, este trabalho é sintetizado pela inteligência porque ele é elaborado de uma forma que possa oferecer para o aluno boas soluções metodológicas para a confecção de suas inúmeras atividades acadêmicas. Contudo, é fato certo que cada curso e até cada escola ou universidade tem as suas próprias regras, visto que uma monografia feita na universidade "A", mesmo que seja uma boa monografia, poderá ser

VI   Descomplicando o Complicado

péssima para a universidade "B", não porque ela foi mal elaborada, no entanto porque ela não se enquadra perfeitamente aos procedimentos de outra universidade. Porém, muitas definições, mesmo que mudem de nome, se repetem em todos os cursos e universidades. Neste sentido, apresentamos um amplo conjunto de definições que são indispensáveis para a elaboração de qualquer atividade que se encontra sobre a responsabilidade do aluno no ambiente em que frequenta certo curso ou disciplina. Tudo isso de uma maneira que facilita o entendimento e a compreensão, pois este é um texto para quem precisa aprender e não para quem já sabe. Enfim, ser inteligente não é ser capaz de decorar uma quantidade considerável de coisas, entretanto ser hábil em colocar em prática tudo que aprendemos de tal forma que as nossas metas e os nossos próprios objetivos se consumam rapidamente de acordo com aquilo que nos interessa. Então, o aluno inteligente precisa ser capaz de se adaptar de tal modo ao sistema e às exigências metodológicas básicas do saber científico ou acadêmico que a confecção de sua própria pesquisa é uma simples consequência dos seus próprios atos.

Certamente é estranha uma tamanha falta de coerência e de bom senso como aquela que verificamos nas escolas e, até nas universidades, que quase sempre culmina em uma baixa qualidade de ensino não por questões estruturais, todavia por razões puramente particulares. Contudo, hoje é fato certo — e até repetitivo — que muitos professores não são os esperados mestres que deveriam só ensinar, e que, consequentemente, só transmitir de tal forma o conhecimento que facilitasse consideravelmente a vida de seus alunos. Aliás, às vezes, não passam de simples inquisidores ou carrascos que só sabem punir e atrapalhar por todos os meios lícitos (e até ilícitos!) o bom desempenho de seus pupilos, infelizmente. Portanto, um professor, como tal, também tem sentimentos, até mesmo aqueles que se manifestam através do orgulho, da arrogância, da prepotência, da vaidade, da inveja e até do egoísmo. E é esta simples constatação que fundamenta a construção deste trabalho, pois quem é inteligente não precisa brigar com os professores para ter boas notas em suas inúmeras atividades acadêmicas. No entanto, sempre necessita reconhecer como o sistema funciona, até porque só assim poderá agir com uma desenvoltura tal que quase não terá nenhuma dificuldade na construção de suas próprias atividades. E, agir desta forma, é ser inteligente, visto que atuar de tal maneira é simplesmente operar

Introdução VII

bem próximo daquilo que interessa ao sistema e, principalmente, com os interesses de quem o controla.

Por certo, este não é um escrito para professores. Este é, sobretudo, um texto, ou melhor, um manual prático de sobrevivência para alunos que — além da excelência e da perfeição — visam boas notas e até uma moleza considerável no desempenho de suas próprias atividades acadêmicas. Ele, portanto, é o resultado de uma intensa dedicação de pesquisa que objetivou a descoberta de novas maneiras de se fazer aquilo que todo mundo já faz, pois o que geralmente se encontra nas livrarias, nos sebos e nas bibliotecas das universidades são manuais de metodologia científica que são feitos por professores para professores. O que é algo que quase sempre culmina em uma séria dificuldade de compreensão para quem realmente interessa ler e compreender estes manuais, ou seja, aos alunos que se encontram dedicados na confecção de suas próprias pesquisas. Construir uma boa monografia, ou pelo menos uma que possa nos possibilitar uma nota razoável, não é uma tarefa tão fácil. Porém, não é algo que não possa ser aprendido com uma relativa facilidade e desenvoltura, até porque um texto que se volta para a construção e a divulgação do saber científico ou acadêmico deverá se enquadrar à simples procedimentos teórico-metodológicos que são preferencialmente prescritos pelos especialistas.

Uma monografia não pode ser feita de qualquer maneira e, aliás, ter uma noção exata desta constatação é o único modo de se ter uma vida fácil na construção de nossas próprias atividades acadêmicas. Entretanto, esta também é a origem da dificuldade que gera tantos transtornos na vida de muitas pessoas. Principalmente para quem precisa fazer uma monografia para finalizar a sua vida acadêmica com êxito e louvor. Então, como uma pesquisa que se enquadre como uma monografia precisa ser feita de acordo com certas regras, técnicas e procedimentos, logo existe uma infinidade de livros que visam justamente resolver esta seria dificuldade, inclusive, este trabalho também visa, de uma forma ou de outra, resolver este sério problema. Mesmo assim, ele toma uma posição distinta dos ditos clássicos da metodologia científica — e, consequentemente, acadêmica — porque este texto é feito para o aluno e não para quem já sabe alguma coisa sobre este tema tão sibilino. E por esta razão, sobretudo, a sua estrutura tem em mente falar a língua de quem precisa aprender e não o idioma de quem já sabe falar de acor-

VIII   Descomplicando o Complicado

do com as regras validadas pelo saber científico dos dias de hoje, pois quem sabe, já sabe. Este trabalho, basicamente, tem cinco capítulos. Sendo que os dois primeiros são estrategicamente dedicados as considerações que quase sempre os nossos professores não falam, ou que, às vezes, não sabem nem de sua provável "existência", porque eles preferem (de uma forma ou de outra e por uma infinidade de motivos até banais e desnecessários!) escondê-los, como também por uma provável vergonha em reconhecer as suas próprias mazelas e até deficiências. Já os dois·capítulos seguintes são dedicados ao cerne básico deste trabalho, ou seja, se focam para a apresentação de certas definições que são imprescindíveis para o êxito que se espera na construção de qualquer pesquisa científica, acadêmica e, portanto, monográfica. Desta maneira, para quem visa ter o domínio daquilo que pode ser visto como o mínimo para se ter uma boa nota em qualquer monografia basta ler apenas esta parte do texto, nem que seja para usá-la como referência em sua própria monografia, por exemplo. Todavia, de maneira especial para se ter uma moleza ainda maior e até uma nota excelente, precisa relacionar aquilo que foi feito nestes dois capítulos com aquilo que se falou nos capítulos anteriores, pois o fundamento básico deste texto é a interdependência.

Consequentemente, com a leitura dos dois primeiros capítulos vai se perceber que aquilo que evidenciamos (notadamente no primeiro deles) é que manifesta polêmica, e até a dificuldade que o aluno convive todos os dias no desempenho de suas próprias atividades, é um fato e — como tal — deve ser encarado com seriedade ou pelo menos com inteligência e astúcia. Visto que a correção de qualquer trabalho é uma atividade essencialmente humana, e que, portanto, nem sempre uma nota é boa ou ruim porque um trabalho foi excelente ou péssimo, até porque, muitas vezes, um aluno pode ter uma nota boa ou ruim por questões puramente pessoais. Já o segundo capítulo, por sua vez, além de descrever uma breve síntese histórica da ciência, ele também delineia as suas principais características e particularidades, destacando os seus paradigmas, e as suas metodologias, e até a maneira como ela, ou seja, a ciência trabalha. Aliás, é exatamente na descoberta de mecanismos que expliquem, de uma forma ou de outra, aquilo que interessa ao saber acadêmico e científico — e, decerto, aos seus respectivos modelos paradigmáticos.

Introdução IX

Os dois capítulos seguintes se dedicam àquilo que todo manual de pesquisa científica se foca, que é, precisamente, na apresentação de certas formalidades que são imprescindíveis para a qualidade final de qualquer pesquisa acadêmica. Desta forma, no terceiro capítulo é apresentado, em primeiro lugar, o eixo básico de qualquer pesquisa que é, exatamente, a tríade conceitual tema, problema e hipótese ou resposta. Apresentamos os tipos de estudos que o pesquisador pode adotar e as respectivas abordagens conceituais que poderão orientar a sua labuta acadêmica. Logo em seguida, nos dedicamos ao estudo do eixo secundário, ou seja, a justificativa e a problematização, pois só assim pode ser possível uma melhor compreensão do papel a ser desempenhado pelos objetivos e pela fundamentação teórica em qualquer atividade acadêmica. Para finalizar este capítulo, vamos apresentar as ferramentas metodológicas que poderão ser necessárias a certos tipos de trabalho, que são elas: o campo empírico, o universo, os tipos de amostras, que são classificadas como primárias; e, em seguida, traçamos algumas considerações sobre o questionário, o roteiro de entrevista e o de plano de trabalho, que são rotuladas como secundárias.

No quarto capítulo, nos dedicamos, em um primeiro momento, para o texto monográfico em si e, em seguida, nos centramos na apresentação oral da pesquisa. Principalmente, porque são proporcionadas algumas considerações sobre o texto, a introdução, o desenvolvimento, a conclusão no primeiro tópico; e, no segundo, um conjunto de informações pertinentes a apresentação, destacando-se alguns itens sobre o projeto, as definições teóricas do tema escolhido e as considerações finais do trabalho. No capítulo seguinte, enfatizamos, mais uma vez, que nem sempre uma boa nota é uma questão de se ter feito um bom trabalho, contudo o resultado de se ter, pelo menos, reconhecido o que realmente precisa ser feito, sobretudo de acordo com os critérios que são validados pelos professores como imprescindíveis para uma boa nota. Visto que ser inteligente não é brigar todo momento a toda hora para se ter aquilo que nos interessa, não obstante agir de tal maneira que aquilo que nos preocupa se realiza rápida e sutilmente.

Eis a síntese de tudo aquilo que será desenvolvido neste trabalho.

Flávio Alves Barbosa.
João Pessoa, 21 de junho de 2009.

SUMÁRIO

Apresentação   XIII

Capítulo 1 - Observações iniciais:
Como "quase sempre" tirar boa nota   1

Exercícios do capítulo 1   13

Capítulo 2 - A ciência, os seus paradigmas e as suas metodologias   17

2.1 - As atuais origens do saber científico   19
2.2 - Indo além do blá-blá-blá   22
2.3 - À procura de mecanismos: a maneira como a ciência funciona   30

Exercícios do capítulo 2   37

Capítulo 3 - Bé-a-bá da metodologia: Compreendendo as   41
principais ferramentas do trabalho acadêmico

3.1-O Eixo Básico: o tema, o problema e a hipótese   43
3.2-Os tipos de estudo   45
3.3-As abordagens de pesquisa   47
3.4-O Eixo Secundário: a justificativa e a problematização   49
3.5-Os objetivos: o roteiro...   50
3.6-A fundamentação teórica   52
3.7-As ferramentas teórico-metodológicas   54
     3.7.1-As ferramentas primárias   55
         3.7.1.1-O Campo Empírico   55
         3.7.1.2-O Universo e os Tipos de Amostra   56
             3.7.1.2.1-Os tipos de amostra de pesquisa   60
                 3.7.1.2.1.1-Amostra aleatória simples   60
                 3.7.1.2.1.2-Amostra estratificada   60
                 3.7.1.2.1.3-Amostra sistemática   61
                 3.7.1.2.1.4-Amostra por conglomerados   62
                 3.7.1.2.1.5-Amostra por estágios múltiplos   62
                 3.7.1.2.1.6-Amostra bola de neve   62
                 3.7.1.2.1.7-Amostra acidental   64
                 3.7.1.2.1.8-Amostra por conveniência   64

XII Descomplicando o Complicado

3.7.1.2.1.9-Amostra por contas	65
3.7.1.2.1.10-Observações finais	65
3.7.2-As ferramentas secundárias	66
3.7.2.1-O questionário e a entrevista	66
3.7.2.2-O plano de trabalho	68

Exercícios do capítulo 3   **71**

Capítulo 4 - Passo a passo de um trabalho acadêmico:
(Des)construindo e (Re)construindo um texto   **75**

4.1-O Texto	77
4.1.1-A Introdução	81
4.1.2-O Desenvolvimento	82
4.1.3-A Conclusão	84
4.2-A Apresentação	84
4.2.1-Aquilo que não deve ser esquecido: o Projeto	86
4.2.2-As definições teóricas do tema escolhido	87
4.2.3-As considerações finais	88

Exercícios do capítulo 4   **89**

Despedida   **93**

Resumos   **95**

Notas   **103**

Respostas dos Exercícios   **111**

Capítulo 1	111
Capítulo 2	112
Capítulo 3	113
Capítulo 4	116

APRESENTAÇÃO

É com prazer que apresento este livro de Flávio Alves Barbosa, resultado de sua inquietação com a construção de trabalhos acadêmicos de final de curso do Ensino Superior, mais precisamente os monográficos. Junto com o prazer, a surpresa de reencontrar um ex-aluno que ao sair da Universidade deixou algumas marcas no arquivo da memória de uma professora: timidez, boas notas, frequência às aulas de Didática (e Avaliação da Aprendizagem), responsabilidade nos trabalhos acadêmicos e algumas preocupações extrauniversidade.

Associada a surpresa, a curiosidade em ler o texto intitulado Descomplicando o Complicado (... aprendendo a fazer uma monografia... em três dias!) por já ser orientadora há vários anos e não dispor de um material mais simples e objetivo para os orientandos, como o título sugere.

Não se pode negar a existência de bons professores que procuram acompanhar com orientações seguras e claras a construção de um trabalho técnico como é a monografia. No entanto, sou testemunha de tantos outros que largam os seus alunos à sorte, inclusive dando-lhes prazos incompatíveis com o tempo que seria adequado para a realização de todas as etapas para a conclusão do trabalho com a qualidade requerida pela ciência. Por isso, o estudante universitário tem a partir de agora um texto simples, enxuto, que o conduzirá à compreensão do que seja uma monografia, iniciando pelos fundamentos teóricos, passando pela sua elaboração, culminando com dicas para o sucesso de uma apresentação oral, caso seja exigência do curso.

Espero que este livro alcance realmente o seu objetivo primeiro, que é o de descomplicar a elaboração de trabalhos monográficos, pois só assim o autor contribuirá para exterminar a já avançada "indústria de monografia" que a ela recorre aquele aluno que não tem alternativa institucional para a construção do seu próprio trabalho.

Isolda Ayres Viana Ramos
(Professora do Centro de Educação da UFPB)

João Pessoa, julho de 2009.

Capítulo 1

Observações iniciais: Como "quase sempre" tirar uma boa nota

Capítulo 1 - Observações iniciais: Como "quase sempre"...   3

Uma das maiores dificuldades do estudante universitário é confeccionar o trabalho acadêmico, seja ele uma prova, um trabalho, um relatório, um projeto de pesquisa e, especialmente, a tão temida monografia de conclusão de curso. Claro que *esta dificuldade tem inúmeras origens e, entre elas, poderemos incluir a péssima qualidade do ensino*, que quase sempre é destacada como a principal vilã da evidente inabilidade do educando brasileiro no domínio de determinadas técnicas que caracterizam a produção do saber acadêmico e, consequentemente, do próprio conhecimento científico. *Contudo, será que é só isso?* Até porque, muitas vezes inclusive, encontramos boas escolas, muitas delas formadas por profissionais excelentes e que, em muitas ocasiões, são verdadeiros mestres e não apenas simples professores. Deste modo, mesmo que tenhamos apenas professores medianos na imensa maioria das ocasiões, em alguns momentos, no entanto, encontraremos verdadeiros mestres, que não apenas ensinam, porém "vivenciam" aquilo que procuram "lecionar" em suas próprias atividades acadêmicas. Portanto, *nem sempre a culpa é do "sistema", dos professores, da escola e da sociedade, visto que, em diversos momentos, é do próprio estudante.* Principalmente porque ele não procura desenvolver as suas próprias habilidades intelectivas com a aquisição e com respectivo domínio de novas técnicas e de novas ferramentas que, por exemplo, são indispensáveis para o aprendizado de determinados saberes.

Como na nossa sociedade o saber acadêmico sempre é encarado como um verdadeiro monstro, que apenas complica a vida do estudante mediano - a ciência[1], consequentemente, para muitos aprendizes é vista como algo que pouco servirá para o nosso dia a dia. Sendo assim, de maneira geral, ele é sempre encarado como uma coisa restrita a poucos indivíduos. Notadamente, àqueles que tiveram o privilégio de aprender e, sobretudo, apreender determinadas técnicas e procedimentos, que, principalmente, foram úteis para a sua própria formação profissional[2]. Além disso, até parece que nos dias de hoje este monstro fica cada vez mais forte e praticamente invencível, pois, mesmo com a expansão do número de alunos matriculados em todos os níveis de escolaridade, ele ainda continua soberano, praticamente indestrutível em todos os recintos escolares. Aliás, nestes últimos anos, ele, isto é, o saber acadêmico, ainda é uma coisa que amedronta muitos estudantes, que têm não só

4   Descomplicando o Complicado

medo, entretanto, um verdadeiro pavor das técnicas e das metodologias que a ciência adota para a confecção de suas próprias atividades de pesquisa e investigação.

Todavia, como hoje as melhores oportunidades de emprego (e, portanto, de salários mais condizentes com as nossas próprias necessidades de autorrealização e autossatisfação) são cada vez mais raras e reservadas a poucas pessoas, aprender definitivamente determinadas coisas deixou de ser um luxo. Sobretudo para quem objetiva viver com um pouco de dignidade e, consequentemente, de independência, em relação às forças externas que poderão intervir desastrosamente na qualidade final de sua própria vida. Assim, *estudar, aprender e ter boas notas passou a ser uma questão vital para qualquer indivíduo que vise uma vida mais plena e feliz* em todos os sentidos, *na qual seja possível viver com pleno potencial em direção a realização de suas mais importantes metas e objetivos* — com relativa facilidade e precisão, aliás. O que, por sua vez, reforça a necessidade de se dominar com maior desenvoltura as técnicas de pesquisa que caracterizam a confecção de um trabalho plenamente adequado às exigências acadêmicas, que, certamente, são os mesmos procedimentos que a maioria dos nossos professores também apontam como imprescindíveis para a "obtenção" de uma boa nota.

Não obstante, estas exigências — que nos referimos no parágrafo anterior — muitas vezes não são tão explícitas como deveriam ser. Apesar disso, sempre estão presentes no discurso de todos os professores que, de uma forma ou de outra, sempre "realçam" nas suas próprias explicações o que eles querem nos trabalhos que passam para os seus alunos, mesmo que, em muitos casos, inconscientemente. Assim, toda pessoa que é capaz de se "adequar" a estas exigências, quase sempre tira boas notas. Até porque ela reproduz nos seus próprios trabalhos escolares aquilo que os educadores consideram como sendo o correto a ser feito. O que, de certo modo, aumentará consideravelmente a possibilidade de se obter o êxito que ele espera naquele trabalho em particular. Falamos "quase sempre", pois a correção de uma prova, por exemplo, não envolve apenas aspectos metodológicos. Visto que muita coisa da própria idiossincrasia de quem corrige se encontra muito presente no momento de dar uma nota final para o educando. Nem sempre, portanto, uma nota que não é boa é sinal de que o aluno foi incapaz de responder corretamente a uma questão. Porque, às vezes, o professor

Capítulo 1 - Observações iniciais: Como "quase sempre"...   5

atribui aquele valor por outros motivos que, em alguns casos, é até alguma coisa de natureza estritamente pessoal.

Isto, infelizmente, não ocorre somente em uma prova, pois já presenciamos estas "injustiças" até mesmo em trabalhos mais complexos, como é o caso das monografias. Onde se aluno cumpre na íntegra os objetivos estabelecidos para a conclusão do seu trabalho, demonstrando ter pleno conhecimento daquilo que expõe em suas argumentações[3], que nota ele merece? Seguramente, uma nota dez não é um exagero, porque metodologicamente ele foi perfeito e é mais do que um direito de ele ter reconhecida a sua própria capacidade. O que nem sempre ocorre, inclusive por motivos mesquinhos e tacanhos defendidos por alguns "professores", que não passam de pessoas fingidas e dissimuladas que morrem de inveja do talento demonstrado por aquele educando, que, em muitos casos, é muito superior ao talento do próprio professor. Esquecendo um pouco estas observações preliminares, destacamos que *uma boa nota quase sempre se relaciona com a capacidade inata do aluno em se adequar as exigências estabelecidas pelos professores.* Logo, se ele for integralmente "fiel" aos critérios estabelecidos, decerto que é "direito" dele ter uma nota condizente com a sua própria capacidade de reproduzir um discurso dado como válido. Portanto, *o passo inicial para se responder algo correto é,* primeiramente, *procurar compreender e,* em seguida, *adaptar-se aos padrões estabelecidos pelos professores como imprescindíveis para uma boa nota.* Até porque, dificilmente, a nota que o aluno terá não será um valor plenamente adequado com a sua própria capacidade.

Interessantemente, é muito comum vários alunos considerarem que uma boa nota se relaciona com a sua capacidade de contestar e de surpreender o professor com uma resposta totalmente diferente daquela que a maioria das pessoas "considera" como correta. Inclusive, muitas vezes diametralmente oposta daquela que o próprio educador defende como válida. Talvez eles não saibam, contudo, certamente, os colegas de turma (que repetem e reproduzem a resposta dada pelo próprio professor como exata) deverão ter uma nota mais elevada que aquela obtida por eles. Visto que o que ocorre nas escolas — até mesmo nas próprias universidades! — é que o dever do aluno não é demonstrar que sabe mais do que os outros (e até mais do que o próprio professor); é, no entanto, repetir a resposta dada como certa pelos "especialistas"

6 Descomplicando o Complicado

daquela área. Eis aí um dos segredos mais bem camuflados do sistema de ensino. Aliás, muitos educadores preferem nem pensar na sua provável existência, pois *na escola não é preciso aprender a pensar de maneira diferente* (como muitos alunos pensam), *porém saber repetir as "fórmulas" dadas como certas*, que foram criadas por outras pessoas, em outras ocasiões e contextos. Sabemos que esta constatação é um tanto quanto desconcertante. Mas, ela é a dura realidade que aluno vivencia permanentemente nas escolas, inclusive nas universidades. Até porque o educando de graduação e de mestrado, por exemplo, não precisa pensar de forma diferente dos ditos "clássicos" da área que ele estuda, entretanto saber repetir mecanicamente aquilo que é dado como coreto pelos ditos doutores do saber da área que ele pretende atuar.

Será que esta constatação ainda é uma novidade para alguém? Seguramente que não, pois cada um de nós — mais cedo ou mais tarde — já descobriu ou vai descobrir esta veracidade. Principalmente quando as nossas notas não forem tão altas como pretendíamos; e que percebemos, em seguida, que o motivo desta desventura não é nossa inabilidade naquela área, todavia a nossa "evidente" discrepância com a resposta que o professor considera como certa. Tranquilamente algumas pessoas podem até falar que isso só ocorre no campo das ciências exatas, ou seja, no campo da Matemática, da Física, da Química e das diversas formas de Engenharia. Contudo, quem fala isto desconhece o que é fazer um curso das ditas ciências humanas, visto que a História, a Geografia, a Pedagogia, a Linguística, a Psicologia e até mesmo a Filosofia, possuem as suas inúmeras respostas automatizadas que não podem ser contestadas. Especialmente pelo aluno de graduação — que, aliás, para muitos doutores não passa de um leigo que nada sabe sobre determinado campo do saber. Logo, se ele quiser contestar algo, que faça um mestrado e, em seguida, um doutorado, pois só aí ele poderá emitir com juízo de valor as suas próprias opiniões sobre determinado tema.

Esta, infelizmente, é a dura realidade que encontramos nas inúmeras universidades do nosso país (e, decerto, em muitas instituições de ensino de outras nacionalidades), onde o estudante vale não pelo seu talento inato, mas pela sua capacidade de reproduzir um discurso já finalizado por outras pessoas. Logo, se ele discorda desta reprodução automatizada e irrefletida do saber, que estude mais e seja um doutor, pois só

Capítulo 1 - Observações iniciais: Como "quase sempre"... 7

assim a sua opinião terá, talvez, algum valor para a imensa maioria dos professores. Consequentemente, quanto ao curso de Filosofia, por exemplo, que para muitas pessoas deverá ser a maior "moleza" é, na verdade, um verdadeiro curso de história dos vários sistemas filosóficos construídos pelo homem no decorrer dos séculos. Desta maneira, o aluno que faz Filosofia não precisa aprender a fazer Filosofia propriamente dita, mas a repetir em seus trabalhos os sistemas filosóficos elaborados por diversos pensadores que fundamentam o pensamento filosófico. E se por acaso ele se esquecer desta verdade e for fazer Filosofia nas suas provas e nos seus trabalhos, certamente será um estudante "medíocre"— que, tranquilamente, terá muita dificuldade para tirar boas notas no decorrer do seu curso.

Agora, *isso ocorre por quê? Acontece por dois motivos. O primeiro* deles *é que toda forma de saber*, inclusive a própria ciência, *tem os seus próprios paradigmas*, que foram testados e dados como válidos por outras pessoas. *A segunda causa é* devido ao fato que *pensar de forma diferente* sobre determinada coisa é algo que *exige muita dedicação e persistência*. O que nem sempre todas as pessoas estão dispostas a fazer fazer — até mesmo muitos professores universitários. *Assim* sendo, *se já sabemos fazer algo de um modo que é dado como certo* pela ciência, *facilmente nós nos acomodamos* com a situação *e raramente iremos procurar outras respostas* para aquele mesmo tipo de acontecimento no futuro. Porém, esta atitude é o que esperam muitos professores que "defendem" certos paradigmas, pois se eles, com todos os anos de estudo, não contestam aquele modelo paradigmático, como um simples aluno poderá fazer isto? Consequentemente, *todo estudante precisa ter em mente essas afirmações*, visto que se desconhecê-las, dificilmente terá o êxito que espera alcançar no estudo de todas as coisas que precisa aprender. Portanto, inclusive na mentalidade da imensa maioria dos professores, o que predomina é esta situação, onde poucos pensam e muitos repetem o discurso dado como certo. Até mesmo os docentes ditos doutores, até porque se as suas teses não são tão boas, para quê contestar um verdadeiro gênio do saber como Newton ou Freud? *Por que eu vou contestar estes caras se para isto eu preciso pensar de forma diferente e encontrar novas soluções para os problemas que eles estudaram? Que esta tarefa fique, por seu turno, a cargo de Einstein ou de Foucault!*

8 Descomplicando o Complicado

É estranho ouvir isto, mas o que ocorre na vida de muitos educadores[4] é justamente isto. Visto que eles são tão acomodados com um modelo de pensar — muitas vezes dominante no seu próprio campo do saber — preferem repetir as fórmulas dadas como certas do que pararem para pensar e ordenarem uma nova fórmula para certos problemas. Logo, quando eles encontram um aluno que contesta esta situação, a primeira atitude deles é ignorar. E se, por acaso, o educando persistir na sua atitude combativa, eles usam a melhor arma que um professor possui para limitar um aluno como este, que é, justamente, a atribuição de notas inferiores aos seus trabalhos — mesmo que ele não mereça ter notas medíocres. Consequentemente, um professor que se encontra em uma situação crítica como esta vai corrigir com muita parcimônia e perspicácia a prova deste tipo de aluno, pois se o *educando-problema* pensar de forma diferente do paradigma dominante ele terá uma nota muito inferior ao seu próprio talento, muitas vezes. Logo, como o educador não vai ignorar nem mesmo os menores erros que este tipo de aluno cometer, os seus trabalhos escolares — por mais simples que sejam! — serão repletos de inúmeras falhas paradigmáticas, sobretudo em relação ao modelo predominante de pensar daquela área do conhecimento. O que, decerto, será algo extremamente funesto para a qualidade final de suas próprias notas.

Assim, *notadamente para tirar notas boas em nossas diversas atividades acadêmicas, é preciso ser altamente condizente com aquilo que os professores pedem nestas atividades.* Até porque se não repetirmos nos nossos trabalhos as respostas que eles "querem", certamente não teremos tantas notas boas como pretendemos ter. Para que isso ocorra, entretanto, necessitamos enxergar as coisas pelas lentes e pelos paradigmas dos nossos professores; e jamais pelas nossas próprias lentes e paradigmas, por mais tentadora que seja a oportunidade. Visto que só assim poderemos perpetuar a forma de "pensar" que o professor "defende" como sendo a certa. O que, tranquilamente, é algo de fundamental importância para a excelência de nossas próprias notas. Logo, ter condições de tirar boas notas não é necessariamente ser mais inteligente, arguioso e criativo. Não obstante, ser capaz de, pelo menos, decorar e de repetir com certa desenvoltura o conhecimento institucionalizado que os professores repetem de forma deslavada nas escolas, no decorrer de todas as suas atividades cotidianas. *Portanto, o aluno que realmente*

Capítulo 1 - Observações iniciais: Como "quase sempre"...   9

é inteligente nem sempre é valorizado na escola e até nas universidades. *Porque, muitas vezes, ele não se enquadra perfeitamente na forma que o saber institucionalizado considera como correto,* especialmente nas horas em que contesta as teorias que o educador repete doentiamente nas salas de aula, sem ao menos refletir se realmente são válidas e corretas para todas as situações, inclusive.

Portanto, *o que a escola e muitas universidades valorizam em um estudante* não *é* a sua própria habilidade pessoal de Inteligência que é capaz de construir, por meio da percepção e da criatividade, novas formas de pensar. Valorizam, todavia, *a sua competência congênita de repetir um discurso dado como válido. Consequentemente, o que a maioria dos professores aprecia* na correção das atividades que foram confiadas aos seus alunos não *é competência* reflexiva *do educando,* contudo a sua habilidade *de agir "instintivamente" de acordo com um modelo dado como válido* nas aulas que foram ministradas anteriormente. *Desta forma, nem sempre o aluno inteligente se destaca* na escola, *no entanto aquele que repete e decora vai ter, tranquilamente, boas notas* na imensa maioria das ocasiões. Até porque a escola e, até mesmo as universidades, não são campos de reflexão propriamente ditos, porém são espaços destinados a perpetuação de uma forma de pensar e de agir que já foi dada como válida pelos especialistas e, principalmente, pelos doutores. Logo, quer contestar? Que seja um doutor primeiramente, pois se você for um graduando, desista, porque para muitos educadores você não passará de um problema que será resolvido pela qualidade final de suas notas[5].

Você quer quase sempre tirar uma boa nota nas suas próprias atividades acadêmicas? Então, *repita sem o menor pudor e de forma desavergonhada a resposta que o professor considera como correta* que dificilmente você não terá uma nota que não seja um belo de um *"10".* Visto que se a sua metodologia é condizente com aquela que o professor defende, a sua nota só não será excelente se o educador atribuir um valor por outros motivos, que, em muitos casos, são de natureza essencialmente pessoal. O que, aliás, é algo que pode ser contestado com relativa facilidade. Entretanto, mesmo em situações em que o aluno saiba e que, sobretudo, tenha como provar que o professor se equivocou, o mais prudente a ser feito é ele ter muita "manha" para provar ao educador que ele merece uma nota melhor. Até porque dificilmente alguns educadores vão admitir publicamente que foram injustos nas notas que atribuíram a determinados alunos.

Agora, *se você vive constantemente brigando com os seus professores, saiba que dificilmente eles vão admitir que se equivocaram nas notas que conferiram a você.* Visto que — de maneira especial nestas situações — o que se passa na cabeça de muitos deles é a boa e velha frase: *"Quem esse cara pensa que é?! Aqui eu sou o professor e ele é só o aluno. E mesmo que eu tenha errado, para que eu vou ajudar esse sujeito? Ele só vive me dando trabalho, querendo mostrar para todos que sabe mais do que eu! Quer saber de uma coisa... ele está até certo, mas que aguente as consequências de sua evidente falta de respeito comigo".*

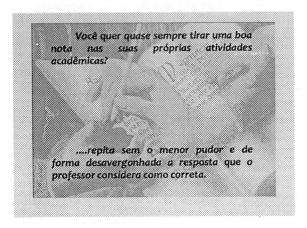

Você quer quase sempre tirar uma boa nota nas suas próprias atividades acadêmicas?

....repita sem o menor pudor e de forma desavergonhada a resposta que o professor considera como correta.

Sintetizando. *O aluno nunca deve fazer um trabalho* que o professor passa *da forma que ele quer fazer.* Até porque *ele deve confeccioná-lo de acordo com os critérios dados como certos pelos mestres*, pois só assim ele vai obter o êxito que almeja ter na sua labuta acadêmica. Agora, se você não conhece estes critérios e quer e, principalmente, precisa tirar boas notas, pergunte ao professor, porque só assim você terá o êxito que almeja alcançar na sua vida acadêmica. Além do mais, tenha muito cuidado caso o educador esteja errado, pois se você agir de forma imprudente e caso ele seja melindroso[6], tenha certeza de uma coisa, ele vai persegui-lo e não vai facilitar em nada a sua vida de estudante! Visto que ele também é humano e se for uma pessoa insegura, vingativa, invejosa, acomodada e mesquinha, jamais vai admitir sem tanta relutância os seus próprios erros.

Até porque na cabeça deste tipo de gente *"quem erra não é o professor, quem sempre erra é o aluno"*.

Exercícios do Capítulo 1

Exercícios do capítulo 1

1-O que o aluno sempre deve fazer para tirar uma boa nota em qualquer atividade acadêmica?

2-Aponte com o que se relaciona uma boa nota e, em seguida, justifique a sua resposta de acordo com aquilo que foi apresentado no texto.

3-Por quais motivos isto acontece?

Capítulo 2

A ciência, os seus paradigmas e as suas metodologias

Capítulo 2 - A ciência, os seus paradigmas e as suas metodologias   19

2.1 - As atuais origens do saber científico

Uma das principais características da natureza humana é tentar responder — de uma forma ou de outra — a três importantíssimas perguntas, que são: "*O que somos, de onde viemos e para onde vamos*". Logo, no anseio de ter possíveis respostas para estas interrogações[7] é que, por exemplo, o mito, a religião, a filosofia e, até mesmo, a própria ciência foram desenvolvidos como verdadeiros modelos explicativos, que procuram descrever minuciosamente a natureza e o meio em que vivemos. Decerto, que cada um desses modelos tem as suas próprias características e linguagens. O que não significa afirmar que eles não sejam eficazes em seus próprios contextos, visto que cada um deles tem os seus próprios paradigmas para a consolidação de suas próprias teorias e dogmas.

A ciência[8], portanto, *evidencia-se como uma atividade que foi ordenada como um verdadeiro fenômeno histórico-cultural* que passou, passa e ainda passará por várias transformações teórico-metodológicas que até caracterizam a sua ação subliminar em todas as coisas que vivenciamos no dia a dia. *Consequentemente*, ela ainda *é uma realidade explicativa em construção e, de certo modo, em reconstrução*, pois todos os dias novas teorias são elaboradas pelo saber acadêmico, notadamente para fenômenos que já foram explanados por outras maneiras e mecanismos. Logo, *uma das principais características do saber científico é sua constante reestruturação epistemológica*. Até porque a ciência tenta ser uma teoria totalmente diferenciada das outras suposições explicativas, sobretudo da religião. Mesmo assim, ela também tem os seus próprios dogmas, que no campo do conhecimento acadêmico ganham uma nova roupagem, pois são chamados de axiomas ou paradigmas. Como é o caso do ato de dividir para conhecer, que permeia a habilidade de análise, que no campo da ciência clássica, principalmente, é uma atividade imprescindível para a descoberta de unidades elementares, das invariâncias e de leis "naturais". *A ciência*, além do mais, *também se destaca como uma maneira bem prática que o homem tem ao seu alcance para satisfazer mais rapidamente as suas próprias necessidades e expectativas*. Visto que é por meio dela que a sociedade, de forma geral, utiliza-se de todas as vantagens oriundas da tecnologia para intervir no meio externo em que vivemos. *Portanto, ela não é*

20 Descomplicando o Complicado

apenas um modelo explicativo, como ocorre com o mito, com a filosofia e com a religião, pois *ela também é um método de trabalho* que o homem moderno possui ao seu alcance, especialmente para a plena realização de inúmeras tarefas — que, inclusive, são até indispensáveis para a sua própria sobrevivência.

Evitando-se aqui a apresentação e, consequentemente, o julgamento de valor de qual modelo é mais eficaz[9], destacamos que a ciência (como abarcamos nos dias de hoje, sobretudo!) foi elaborada como uma nova alternativa explicativa a partir dos séculos XVI e XVII[10], que poderia e, principalmente, deveria se contraposicionar ao paradigma dominante defendido pela Igreja Católica. Para quem não se lembra, este foi o período das grandes descobertas marítimas, onde os grandes impérios ultramarinos se formaram através da força e da tecnologia do homem europeu, que, por meio das armas e de sua tecnologia superior, dominou outras civilizações[11]. Também foi a época das revoluções e contrarrevoluções religiosas. De maneira especial, aquelas que foram "alimentadas" pela Reforma Protestante e pela reação do Concílio de Trento que culminaram com as primeiras canhoneadas da Guerra dos Trinta Anos, que foi, indubitavelmente, o maior embate armado entre católicos e protestantes[12]. Tendo a noção exata deste nascimento tão conturbado, notadamente no mundo em que vivemos, passamos a compreender, portanto, um pouco melhor do porquê da religião e da ciência serem duas realidades explicativas bem distintas e, até mesmo, diametralmente opostas uma em relação à outra. Neste contexto, também nota-se facilmente que as primeiras teorias, que foram elaboradas pelo dito homem de ciência, são edificadas de uma maneira que o misticismo e o obscurantismo do catolicismo sejam sumariamente eliminados de suas próprias explicações. Até porque o maior desejo do cientista daqueles tempos era — e ainda é![13] — se diferenciar da ignorância que ele julgava permear o seio de todas as religiões.

Enfatizamos, além disso, que os primeiros grandes teóricos do novo modelo explicativo eram, na sua maioria, de origem protestante, como é o caso, por exemplo, de Francis Bacon e de Isaac Newton. Logo, esta necessidade de se distanciar do misticismo religioso, especialmente do espiritualismo católico, só se acentuou com o transcorrer dos anos e hoje o que vivenciamos é justamente esta luta surda (e, de certo modo, interminável) entre estas duas teorias explicativas que sumariamente

Capítulo 2 - A ciência, os seus paradigmas e as suas metodologias   21

se eliminam e se estigmatizam por meio de todos os meios lícitos e até ilícitos. Certamente que o pensamento católico reagiu a esta forma "protestante" de explicar o mundo. Todavia, a pujança e, principalmente, o pragmatismo deste novo modelo explicativo pouco a pouco foi ganhando espaço e nos dois últimos séculos, sobretudo, ela, pouco a pouco, passou a ser a principal ferramenta explicativa que o homem moderno utiliza — aliás, não só para intervir no meio em que ele existe, não obstante até para explicar as suas próprias origens e destino.

Contudo, *a ciência, do mesmo modo que os outros modelos explicativos que a antecederam, tem as suas próprias estruturas paradigmáticas. E, em certo sentido, até mesmo os seus próprios dogmas que* fundamentam as suas inúmeras teorias explicativas, que as diversas áreas do saber elaboram e reelaboram para que o homem tenha uma vida mais previsível e controlável[14]. Seguramente que esta atitude é até aconselhável, pois a consolidação de determinadas formas do saber facilitam a nossa própria sobrevivência. Visto que foi por meio deste conhecimento institucionalizado que o homem moderno pode oferecer para as novas gerações os benefícios oriundos da tecnologia, por exemplo. Não obstante, destacamos que a ciência não é a melhor forma de explicar e de compreender o mundo em que vivemos, do mesmo modo que também não é a pior maneira, até porque cada modelo explicativo é plenamente adequado ao seu próprio contexto existencial.

A ciência...

....é apenas uma ferramenta metodológica que o homem elaborou para explicar e para facilitar a sua própria vida.

É aqui, consequentemente, que se nota que *a ciência* com todas as suas prováveis vantagens em relação ao mito, a religião e a filosofia[15] *é apenas uma ferramenta metodológica que o homem elaborou para explicar e para facilitar a sua própria vida.* Porque, sobretudo, ela é uma maneira bem prática de se resolver os nossos próprios problemas cotidianos, pois a ciência é uma atividade que, inclusive, gera uma economia considerável de nossas próprias energias.

2.2 - Indo além do blá-blá-blá

Então, você já sabe por que passamos os últimos parágrafos apresentando o breve resumo das origens da ciência? Decerto não foi para alongar este trabalho. Foi, todavia, para facilitar a nossa compreensão sobre este tema. Visto que para se utilizar com eficácia determinada coisa precisamos conhecê-la em profundidade, desvendando as suas origens e descortinando as suas principais características e particularides[16].

Para simplificar, enfatizamos de forma sucinta que *a ciência e todas as suas teorias e dogmas são, na verdade, ferramentas.* Certamente que não no sentido físico, mas na acepção metafísica, *pois são mecanismos teórico-metodológicos que facilitam não só a apresentação de possíveis respostas para as três perguntas fundamentais que apresentamos anteriormente,* no entanto uma atividade que, até certo ponto, amplia a capacidade inata de realizações de qualquer ser humano, visto que é algo que também torna a vida das pessoas uma coisa mais previsível e controlável. Portanto, *para se utilizar com pleno potencial o método científico,* que sempre deve permear a confecção de qualquer trabalho acadêmico, *devemos ter a exata noção de todas as suas características e particularidades,* até porque só assim vamos realizar com plena eficácia qualquer atividade estudantil — de maneira especial uma que esteja sobre a nossa própria responsabilidade.

Agora, você já sabe quais são as principais características do saber científico? Além de sua essência pragmática e de sua profunda antipatia pelo misticismo e pelas explicações sobrenaturais, *quais são as suas principais particularidades que a diferenciam de outros modelos explicativos? A principal característica da ciência moderna é o uso da razão* para a compreensão e, principalmente, para a análise de todos os tipos fenômenos que interessam ao homem de ciência. Visto que o

Capítulo 2 - A ciência, os seus paradigmas e as suas metodologias   23

trabalho científico necessita ter como base estruturante a aplicação metódica e eficaz da lógica, da análise e da divisão das partes de um todo em direção da descoberta das unidades elementares[17]. Ou seja, ela se fundamenta na fragmentação do objeto pesquisado em direção de suas partes menores para que seja possível a verdadeira compreensão de todas as suas peculiaridades e características. É neste sentido que todo pesquisador sério e perspicaz tentar seguir. Até porque esta é a única maneira dele ser bem sucedido na sua labuta intelectual, pois utiliza um modelo de trabalho válido e, consequentemente, aceito por outros pesquisadores no seu próprio campo de investigação.

Além do mais, *o método científico é um mecanismo que se embasa na observação e na possibilidade de se efetuar um teste nas suas conclusões* sobre determinado tema. Visto que todo pesquisador necessita, primeiramente, observar com inteligência e sagacidade cada fenômeno em particular. Notadamente, para que, em seguida, descubra e compreenda todas as suas sutilezas, tendo, inclusive, a oportunidade de avaliar a sua legitimidade em outras ocasiões. Portanto, *o empirismo também é uma característica fundamental da metodologia adotada pela ciência moderna*, porque a oportunidade de observar e de testar um determinado fenômeno é uma das suas principais exigências epistemológicas. Agora, *a ciência tem esta postura por quê? Ela tem esta atitude* diante de todas as coisas que estuda e pesquisa, *pois ela visa ser mais eficaz que a religião para a análise e para o entendimento de todas as coisas que vivenciamos* no mundo em que existimos. Logo, por este ensejo, sobretudo, ela utiliza-se de mecanismos que não sejam comuns ao pensamento religioso, especialmente, na análise e na compreensão dos fenômenos que despertam o seu interesse. Assim, ela tenta provar pela razão e pela lógica as suas inúmeras descobertas, ao contrário do pensamento religioso mais ortodoxo — que, aliás, tem em Deus, e nos seus respectivos atributos e poderes, a base para todas as suas explicações que devem ser dadas para o mundo em que vivemos.

Seguramente que este método já provou ser muito eficaz, até porque não poderemos negar o valor intrínseco de suas afirmações e descobertas, que, por exemplo, possibilitaram uma vida mais cômoda e previsível para toda a humanidade. Visto que, de certo modo, é muito mais fácil viver hoje, do que há seiscentos anos, quando a vida do homem era mais do que uma simples guerra, era, na verdade, uma questão de

24 Descomplicando o Complicado

muita sorte, pois doenças que hoje podem ser eliminadas facilmente, notadamente com o uso de remédios, eram pragas que matavam milhares em questão de dias. *Porém, mesmo sendo um método tão eficaz, ele também tem as suas próprias mazelas.* Até porque se a religião sempre procura no sobrenatural a explicação para as suas próprias observações, o método científico, por sua vez, prefere nem pensar na existência do espírito. Pior do que isto, ele exclui qualquer senso de valor e de moralidade de suas próprias argumentações, pois tudo que lembre o misticismo é sumariamente eliminado[18]. O que, de certo modo, é uma falha muito grave para a qualidade de suas próprias pesquisas — principalmente no campo das ciências humanas e psicológicas, onde dificilmente a singular natureza humana não pode ser compreendida em sua plenitude sem a presença desses dois elementos. Aliás, por exemplo, até nos dias de hoje é muito comum a indagação: Será que áreas como a História, as Artes e a Psicologia são campos que interessam ao pensamento científico? Parece estranho, mas a verdade é que o método clássico de se fazer a ciência, mesmo sendo tão eficaz em muitos campos, foi incapaz de responder, ou de pelo menos tentar compreender, um pouco melhor, muitos fenômenos que vivenciamos diariamente em nossas próprias existências. Assim, se nos seus primórdios a ciência visava aniquilar o obscurantismo do paradigma dominante — que tinha na Igreja a sua principal defensora — ela, atualmente, nos conduziu para um campo ainda mais obscuro. Visto que se nos deu luz em muitas outras coisas, ainda é visivelmente incapaz de responder as três perguntas fundamentais que possibilitaram o nascimento de todas as teorias explicativas que o homem elaborou na sua interminável saga neste mundo em que existimos.

Entretanto, *a maior fraqueza da ciência também é a fonte de sua maior virtude.* Porque, sobretudo, ao contrário do mito que se fecha dentro de si mesmo; da filosofia que vive de suas especulações e de suas intermináveis deduções lógicas; e da religião que se sustenta no sobrenatural para as suas possíveis explicações, a ciência tem demonstrado ser uma verdadeira revolução cultural. Assim, ela é uma teoria explicativa que vive diariamente constantes transformações teórico-metodológicas. Logo, podemos até afirmar que não existe uma única forma de se fazer a ciência, todavia, existem, pelo menos, duas formas de se aplicar o método científico — que são, aliás, aparentemente contraditórios um em

Capítulo 2 - A ciência, os seus paradigmas e as suas metodologias   25

relação ao outro, contudo, na verdade, são complementares, sinérgicos e interdependentes. Consequentemente, *o método científico é um mecanismo rico em contradições, pois* mesmo que queira ser um engenho explicativo isento de predeterminações ideológicas e do personalismo de quem produz o conhecimento científico, *é uma realidade conceitual fortemente influenciada pelas características de quem o origina.* Até porque, dependendo da idiossincrasia de cada pessoa, pode ter uma abordagem ou outra na compreensão e na análise de um mesmo tipo de fenômeno. *Logo, a ciência, de modo geral, é tão humana quanto qualquer outra atividade desenvolvida pelo homem.* Porque, principalmente, ela só existe por meio das contradições e das suas constantes renovações no seio de seu próprio arcabouço conceitual, que é permanentemente reestruturado e renovado com as novas ferramentas paradigmáticas, descobertas e construídas pelo homem de ciência no decorrer de suas próprias necessidades e expectativas.

Portanto, *as novas abordagens da ciência, que foram elaboradas a partir do século passado, já encaram a realidade fenomênica do universo que existimos de outra maneira bem distinta da forma clássica de se fazer a ciência. Até porque se o método clássico vive da análise e da divisão do todo em partes cada vez menores, a nova maneira de se construir o conhecimento, por sua vez, atua através das sínteses.* Porque, sobretudo, procura não apenas descobrir as unidades elementares, no entanto compreender como se relacionam as partes de um mesmo tipo de fenômeno, especialmente na consolidação de determinadas coisas. *Assim, enquanto um método divide e caminha em direção de partes cada vez menores, o outro soma e visa identificar o todo em sua plenitude.* Visto que a suas conclusões não visam apenas à descoberta de leis e invariâncias, porém o encontro com as contradições, com as sinergias e com as interdependências, que envolvem sistematicamente todos os fenômenos que são abarcados pelo saber científico. *Agora, qual o melhor método para o estudante que pretende realizar com sucesso o seu próprio trabalho acadêmico? Depende, pois* de acordo com as suas próprias necessidades, expectativas, anseios emotivações, tanto uma abordagem quanto a outra pode ser plenamente eficaz para a realização do seu próprio trabalho. Entretanto, todo aluno que deseja ter uma boa nota tem como dever básico compreender as próprias orientações metodológicas dos seus professores, até porque só assim ele vai

26   Descomplicando o Complicado

realizar com maior "facilidade" a sua própria labuta[19].
Todavia, em alguns casos um trabalho se adapta melhor a uma abordagem de que na outra. E cabe ao aluno, consequentemente, ser perspicaz e astuto para identificar quando será preciso agir de uma maneira ou de outra. *Aliás, ainda assim o ideal é compreender qual a melhor maneira que o educador identifica para resolver aquele problema* em particular, *pois se você não for um doutor, não queira ser mais do que o professor, visto que muitos deles preferem que aluno continue no seu patamar de eterno aprendiz e ele de eterno mestre, que tudo sabe e compreende.* Claro que sabemos que *esta afirmação* é dura e sarcástica, *contudo é a penosa realidade que todos nós já vivenciamos no ambiente escolar* algum dia, pois raramente encontraremos professores que aceitam o pleno potencial criativo de um aluno. Às vezes, o professor até aceita, mas depois de muita luta do educando, que, na tentativa de se autoafirmar, termina por convencer o educador de que ele é capaz. Mesmo assim, se o professor for uma pessoa melindrosa, covarde e mesquinha, ele, decerto, vai fazer de tudo para que a vida daquele aluno seja um verdadeiro inferno, aliás, até coisas bem absurdas serão perpetradas.

Portanto, é neste ponto que notamos que *a noção de certo ou de errado que um educador atribui na correção no trabalho de seus discípulos depende de seus próprios paradigmas.* Logo, se por acaso o aluno foi plenamente "enquadrado" no paradigma que o professor atribuiu a determinado trabalho, ele certamente terá o êxito que espera na confecção de suas próprias atividades acadêmicas. Inclusive nas atividades habituais e até mesmo na confecção de trabalhos mais complexos, como é o caso de um projeto ou de uma monografia de conclusão de curso, por exemplo. Deste modo, *se o professor é quadrado e deseja que o aluno seja quadrado, para quer ser redondo?* Da mesma maneira se ele enxerga o gato preto para que eu vou enxergá-lo branco, se esta atitude não vai possibilitar ter a nota que desejo naquela atividade? Dito por outra forma, se o paradigma do educador é *aquele,* para que eu vou utilizar *este* na consolidação de minhas próprias tarefas acadêmicas? Enfim, se o professor quer que eu faça as minhas atividades de uma forma, por que eu farei de outra, se esta é a melhor maneira de ter uma boa nota?

> ...a noção de certo ou de errado que um educador atribui na correção do trabalho de seus discípulos depende de seus próprios paradigmas.
>
> ...logo, se o professor é quadrado e deseja que o aluno seja quadrado, para que ser redondo?

Cabe aqui uma pequena observação: Não queremos dizer que os alunos sejam verdadeiros servos dos professores, onde a liberdade de expressão, de livre iniciativa, de criatividade e de inteligência sejam todas severamente limitadas pela capacidade pessoal dos educadores. No entanto, queremos que eles compreendam que *a melhor maneira de ter boas notas — inclusive sem tanto esforço e atrito!* — *é*, primeiramente, *abarcar e*, em seguida, *vivenciar a mesma maneira que um professor experimenta as suas próprias atividades de estudo e pesquisa.* Até porque se o professor simpatiza com as suas "próprias ideias", ele seguramente vai corrigir sem tanto cuidado as suas tarefas acadêmicas. Decerto que isto é humano, pois defendemos as pessoas que gostamos; e se, consequentemente, temos as mesmas ideias que um professor, ele vai simpatizar com maior facilidade com a nossa própria pessoa e, quando for preciso, vai até nos "defender". *O educando, portanto, precisa compreender o educador para ser compreendido em suas próprias necessidades e expectativas.* Logo, ter a habilidade para fazer isto é ser verdadeiramente inteligente, visto que quem procede desta maneira

28 Descomplicando o Complicado

também facilita, por exemplo, consideravelmente a satisfação de suas próprias necessidades e expectativas.

Deste jeito, só quando for oportuno e, principalmente conveniente discordar do professor, devemos expressar as nossas próprias opiniões, pois na escola o máximo que precisamos fazer é passar de ano, tendo, consequentemente, o êxito que esperamos nas nossas próprias atividades acadêmicas. O que não significa, porém, que não tenhamos as nossas próprias opiniões e idiossincrasias — que, aliás, até caracterizam a nossa própria personalidade para as outras pessoas. *Neste sentido,* o que destacamos neste tópico, como também no anterior, é que *o aluno tem que compreender como o sistema funciona*; e que, em seguida, ele também deve utilizar este conhecimento para tirar vantagem para a satisfação de suas próprias necessidades acadêmicas. Assim, *qual a principal necessidade do estudante na escola?* Passar de ano seguramente. *E, se para passar de ano ele precise pensar feito um pato, que seja um pato na lagoa,* porque, decerto, a sua vida acadêmica vai ser muito mais fácil do que se ele fosse um belo cisne emplumado, vistoso e elegante entre os patos desengonçados.

Portanto, *se o professor deseja que os alunos saiam do lago e façam as suas atividades de acordo com um modelo paradigmático, cabe ao aluno se adequar a esta maneira de conceber as coisas para realizar com êxito as suas próprias atividades* de aprendizado. *Entretanto, para que realize com sucesso a sua saída do lago ele precisa compreender que a ciência tem as suas próprias contradições*; e que de acordo com o modelo paradigmático que adotamos poderemos chegar a determinado ponto[20]. Assim, *se já sabemos o ponto que o educador deseja que visemos em nossa própria linha de horizonte, é só escolher o modelo paradigmático que possibilite divisar este ponto.* E por esta causa, sobretudo, o estudante sempre necessita compreender bem como funcionam as ferramentas adotadas pela ciência para confeccionar com êxito as suas inúmeras atividades de aprendizado. Consequentemente, *se ele precisar dividir e descobrir unidades elementares, que divida e descubra. Do mesmo modo se for preciso sintetizar e descobrir sinergias e interdependências, que sintetize e desvende.*

Agora, *o que aluno jamais deve fazer é ser limitado a uma única maneira de conceber, analisar e compreender as suas próprias atividades* acadêmicas. Até porque, caso algum dia encontre um professor que

Capítulo 2 - A ciência, os seus paradigmas e as suas metodologias   29

seja bem diferente dos outros que já teve, nas aulas deste mestre, ele vai comer o pão que o diabo amassou, certamente. Logo, o aluno deve ser quadrado com professores quadrados; e redondo, com os mestres redondos, ou seja, ele deve ser clássico com os mestres clássicos; e moderno, com os professores modernos. O que, todavia, só será possível caso ele domine com plena eficácia todos os mecanismos que a ciência utiliza para conceber as suas inúmeras atividades de pesquisa. Ou seja, ele só deve ser um falso quadrado e não um quadrado de verdade, pois o conhecimento é uma arma poderosa em mãos hábeis e convictas[21].

Contudo, o aluno também precisa compreender que no ambiente escolar o paradigma que ainda predomina é modelo clássico de fazer a ciência. Sendo assim, o estudante perspicaz e astuto precisa está ciente que necessita dominar com maior desenvoltura as ferramentas epistemológicas deste padrão paradigmático, visto que só assim ele poderá responder, até com maior eficácia e desenvoltura, as tarefas que se encontram sob a sua própria responsabilidade. No entanto, *o ideal é que o estudante tenha o domínio pleno de ambas as formas de se fazer a ciência*. Até porque, só assim ele poderá corresponder com maior exatidão à realização de todos os seus afazeres acadêmicos.

Desta forma, *o dever do aluno é — e sempre será! — estudar com dedicação e persistência para que as suas inúmeras tarefas estudantis sejam realizadas na íntegra*. E que ele possa, consequentemente, ter as notas que deseja possuir para satisfazer as suas próprias necessidades expectativas, realizando, em seguida, com maior facilidade e rapidez todos os seus objetivos e metas. Neste sentido, *portanto, ele deve sempre "saber" em quais requisitos uma nota boa, para determinado professor, se fundamenta, como também dominar com pleno juízo de valor todas as ferramentas metodológicas que caracterizam a construção do saber científico, tanto na sua forma clássica, como também nas abordagens mais recentes*.

Eis aí os dois "*segredos*" para a obtenção de uma boa nota que, infelizmente, a maioria dos educadores não costuma revelar tão espontaneamente para os seus pupilos. São eles: 1° dominar bem as ferramentas de ambas as abordagens de pesquisa; e o 2° a repetição mecânica da resposta dada como certa pelos professores. Aplicar, portanto, com método estas duas constatações — até mesmo na confecção de qualquer atividade acadêmica — é um fato que facilita consideravelmente a vida

30   Descomplicando o Complicado

de muitos estudantes no desempenho de suas próprias atividades. Aliás, quem sabe explorá-los ao máximo também realiza com maior desenvoltura e eficácia qualquer coisa que lhe interessa[22]. Logo, agindo continuamente deste modo, dificilmente não seremos premiados com uma boa nota — inclusive pela imensa maioria dos nossos professores. Visto que repetimos sem nenhum pudor a resposta consagrada pelos especialistas. O que, por exemplo, tranquilamente também agradará a maioria dos educadores.

2.3 - À procura de mecanismos: a maneira como a ciência funciona

Como o desenvolvimento do trabalho acadêmico se faz por meio das metodologias adotadas pela ciência, a sua plena consolidação é uma atividade que solicita, notadamente do estudante universitário, o domínio eficaz de determinadas técnicas de identificação e de compreensão dos fenômenos que vivenciamos no universo em que existimos.

Neste sentido, o desenvolvimento do trabalho científico é uma verdadeira linha de montagem, na qual o pesquisador precisa, principalmente de acordo com a metodologia que adotou, ir montando passo a passo uma espécie de organização teórico-metodológica que fundamenta a consolidação de sua própria labuta intelectual. Consequentemente, *a base para a sua efetiva consolidação é identificar, em primeiro lugar, qual é o objeto a ser pesquisado; e, em seguida, a definição e a caracterização de suas principais características*, que tornam determinado fenômeno diferenciado de outros tipos de acontecimentos que vislumbramos diariamente no mundo em que vivemos.

Quando, consequentemente, o estudante inicia a sua própria batalha intelectual, dominando com pleno juízo de valor todas as ferramentas epistemológicas[23], *o que ele procura, inicialmente, no fenômeno que observa, é identificar as características que são condizentes com as suas próprias idiossincrasias* teórico-metodológicas. Interessantemente, esta atividade é feita de forma tão instintiva que raramente o pesquisador observa este seu "enquadramento" aos seus próprios paradigmas. Até porque seguimos as nossas próprias ideologias e dogmas de forma tão automatizada que dificilmente admitimos as nossas próprias limitações em todas as nossas atividades cotidianas — aliás, nas nossas próprias atividades acadêmicas.

Capítulo 2 - A ciência, os seus paradigmas e as suas metodologias 31

Então, quando o aluno na elaboração de uma monografia, por exemplo, define o tema e o seu problema de pesquisa, ele já tem, mesmo que inconscientemente, uma pergunta que se emoldura em uma forma de se fazer a ciência. Assim, a pergunta (ou o próprio problema de pesquisa) não é feita de forma aleatória. Visto que raramente o bom estudante — que já tenha uma boa noção de como funciona as metodologias de pesquisa utilizadas pela ciência — já não tenha em mente, até mesmo, uma possível solução para as suas inúmeras indagações sobre aquele tema em particular. O que, inclusive, é até algo normal. É até estranho, mas é assim que a ciência funciona, pois qualquer pesquisador que visa vislumbrar qualquer fenômeno, antes de qualquer outra coisa, já possui uma maneira de pensar para efetivar a sua própria investigação acadêmica. Logo, a ciência não se faz ao acaso, porém com muito rigor e método e, de certa maneira, de uma forma muito previsível e controlável, porque dificilmente, de acordo com o seu próprio modelo de trabalho, o pesquisador já não tenha uma provável resposta para as suas próprias indagações — como já referimos anteriormente.

Assim, quando o educando faz uma pergunta, ele também tenta, por meio de todos os elementos disponíveis, respondê-la. Sobretudo orientando-se por uma maneira pessoal de entender e de compreender o seu próprio problema de pesquisa. Logo, quando ele faz a pergunta, já espera muitas vezes respondê-la de um determinado jeito, de maneira especial para efetivar rapidamente a sua própria pesquisa acadêmica. Visto que, independentemente da área e daquilo que o aluno procura compreender em sua própria labuta intelectual, é assim que a ciência funciona. Portanto, muitas vezes o trabalho científico é feito de um jeito tão "quadrado" que, até mesmo, a inteligência e a criatividade do pesquisador tornam-se coisas dispensáveis para a sua plena consolidação. Principalmente nas monografias destinadas para a conclusão de cursos de graduação[24], onde o educando não precisa mostrar que sabe, entretanto evidenciar que é capaz de reproduzir um discurso pronto pelos especialistas e doutores daquela área. Dito por outras palavras: *O aluno não precisa mostrar que sabe mais do que os outros; ou que é capaz de inovar por meio de suas próprias deduções, presentes na sua própria investigação acadêmica, até porque o que é necessário para se tirar um dez e, consequentemente, ser aprovado é só "eternizar" a preleção dos professores*[25].

32   Descomplicando o Complicado

Todavia, mesmo aparentado ser algo tão mecânico e previsível, a ciência ainda é uma atividade cheia de surpresas. Visto que ela não procura apenas consolidar as respostas prontas, contudo encontrar novas soluções para as suas próprias dificuldades teóricas e metodológicas[26]. Portanto, mesmo que o trabalho científico seja um tanto quanto previsível, ele não só visa "encaixar" as coisas que analisa em uma determinada forma de pensar e, inclusive, de agir — como, aliás, muitos professores esperam nas atividades que foram confiadas aos seus discípulos. Assim, *o que a atividade acadêmica, na sua essência mais íntima, aliás!, realmente objetiva é a descoberta e a compreensão de mecanismos que estão intimamente relacionados com o estudo de todos os fenômenos que interessam ao homem de ciência.* Logo, por esta causa, sobretudo, a sua plena efetivação costuma ser uma atividade bem intrigante e um tanto quanto combativa. Até porque, ao contrário dos outros tipos de discursos interpretativos, o saber científico é uma realidade explicativa em constante reconstrução, onde as antigas estruturas paradigmáticas são diariamente contestadas e em muitas situações superadas por novas maneiras de se conceber e até de se interpretar todos os tipos de fenômenos que vivenciamos diariamente.

Agora, *o que é um mecanismo?* Já que a ciência vive constantemente a procura deles. De Forma simples, um mecanismo pode ser definido como *uma possível resposta para o problema de pesquisa, que possibilita, além de sua provável solução, a valiosa oportunidade de teste* em outras circunstâncias e contextos. Ou seja, é aquilo que nos trabalhos acadêmicos é definido como a solução, isto é, como a teoria ou a hipótese que valida ou refuta todos os esforços do pesquisador em direção do seu principal objetivo, que é, justamente, realizar a sua própria atividade de pesquisa. No entanto, o mecanismo é muito mais do que a hipótese, pois ele é, na verdade, o conjunto harmônico, interdependente e sinérgico da tríade conceitual que forma o eixo básico de qualquer trabalho acadêmico. Ou seja, é a ação dinâmica do tema, do problema e da hipótese no conjunto conceitual de todo arcabouço teórico e metodológico que fundamenta qualquer pesquisa científica, e, consequentemente, qualquer trabalho acadêmico. Portanto, é a base imprescindível para a plena aplicação das metodologias construídas pela ciência como possíveis alternativas ou soluções, até mesmo para todo tipo de fenômeno que presenciamos no universo em que existimos.

Desta maneira, sem a presença eficaz, e em muitos casos subliminar, de um provável mecanismo explicativo o estudo desenvolvido por qualquer pesquisador não é embasado na metodologia que estrutura e consolida a ação eficaz da ciência[27]. Logo, a sutil presença de uma estrutura teórico-metodológica, que explique minuciosamente determinado fenômeno, é algo imprescindível para qualquer trabalho acadêmico, pois *a descoberta e, consequentemente, a compreensão de mecanismos explicativos é algo que jamais poderá ser dissociado de qualquer atividade de pesquisa que interesse a ciência*. Visto que, decerto, este é o seu principal diferencial epistemológico em relação aos outros tipos de discursos interpretativos, construídos pelo homem no decorrer de sua própria existência. Portanto, todo trabalho acadêmico que é capaz de ser elaborado por meio de um mecanismo explicativo é qualificado como um trabalho científico, pois "quase sempre[28]" as suas inúmeras considerações são possibilitadas através da aplicação de um método validado pelo saber acadêmico em experimentos anteriores. Assim, evidencia-se a sua capacidade inata de prever (e até de antecipar!) aquele tipo de fenômeno em determinadas circunstâncias e contextos, que, por certo, são definidas pela abordagem teórico-metodológica que o estudante utilizou para confeccionar a sua própria pesquisa.

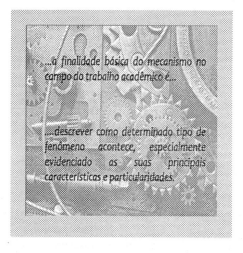

34   Descomplicando o Complicado

Assim sendo, *a finalidade básica do mecanismo no campo do trabalho acadêmico é*, basicamente, *descrever como determinado tipo de fenômeno acontece*, especialmente *evidenciado as suas principais características e particularidades*. Ou seja, é descortinar a sua própria estrutura existencial, enfatizando, em todos os pormenores, os seus mais importantes aspectos e feitios. Portanto, quando o mecanismo descobre e descreve a estrutura que fundamenta a existência de determinado tipo de fenômeno, ele, simultaneamente, também destaca que se a estrutura for modificada, os resultados que almejamos vislumbrar naquele tipo de acontecimento também serão alterados. Porque, principalmente, a estrutura básica que o mecanismo descreve e tenta compreender é, justamente, aquilo que possibilita a existência do próprio acontecimento. Sintetizando. *A pesquisa acadêmica*, que realmente visa se aproximar das investigações que interessam a ciência, *sempre é feita através da busca* constante e interminável *dos presumíveis mecanismos epistemológicos que definem a manutenção de qualquer tipo de acontecimento* que vislumbramos diariamente no mundo em que vivemos. Consequentemente, eles, isto é, os mecanismos, sempre evidenciam[29] as principais características e particularidades de qualquer coisa que esteja no foco da investigação científica[30].

> ...*a finalidade básica do mecanismo no campo do trabalho acadêmico é...*
>
> ...*descrever como determinado tipo de fenômeno acontece, especialmente evidenciado as suas principais características e particularidades.*

Como os mecanismos epistemológicos que a ciência visa descobrir sempre demonstram como determinado tipo acontecimento pode ocorrer[31], logo eles deverão ser o foco de qualquer pesquisa que interesse ao saber científico. E, por este pretexto, sobretudo, qualquer monografia

Capítulo 2 - A ciência, os seus paradigmas e as suas metodologias   35

também deve objetivar esta meta. Desta forma, na sua essência mais íntima, o que a ciência tem em vista é, primeiramente, a descoberta e, em seguida, o respectivo controle dessas estruturas existenciais. Principalmente para facilitar não só as nossas próprias vidas, porém para tornar as coisas mais previsíveis e controláveis, facilitando, portanto, a satisfação de nossas inúmeras necessidades e expectativas[32]. Entretanto, destacamos que *a procura de mecanismos*[33] *é um fato que não depende da abordagem que o pesquisador adota para a realização de suas próprias atividades de investigação*, pois tanto a sua forma clássica como também as suas novas abordagens trabalham em direção deste caminho.

Então, mesmo que o novo paradigma, que emerge em diversas áreas do saber, conclame que *o que se observa depende do observador,* a atividade de investigação deste modelo de se fazer a ciência também procura a evidência de prováveis mecanismos epistemológicos que circunscrevem qualquer tipo de fenômeno.

Exercícios do Capítulo 2

Exercícios do capítulo 2

1-O que a ciência é e quase ninguém desconfia? E por que a ciência é isto?

2-A ciência também se destaca como o quê?

3-Qual é a principal característica da ciência moderna?

4-Por que a ciência moderna tem esta postura?

5- Nos dias de hoje, há quantos métodos para se fazer a ciência e quais as principais características de cada um desses métodos?

6-Qual é o melhor método para o estudante que pretende realizar com sucesso o seu próprio trabalho acadêmico?

7-O que a ciência e a própria atividade acadêmica objetiva?

8-O que é um mecanismo? E qual é a sua finalidade básica?

Capítulo 3

Bé-a-bá da metodologia: Compreendendo as principais ferramentas do trabalho acadêmico

Capítulo 3 - Bé-a-bá da metodologia...	43

3.1-O Eixo Básico: o tema, o problema e a hipótese

Todo trabalho científico, e, consequentemente todo trabalho monográfico, é fundamentado na tríade conceitual tema, problema e hipótese ou resposta[34]. Neste sentido, destacamos, portanto, que se na construção de uma monografia, por exemplo, ainda não temos um tema e ainda nos falta um problema e uma hipótese, na verdade ainda não temos nada. *É através da ação dinâmica destes três elementos que elaboramos com pleno juízo de valor qualquer consideração no âmbito da ciência.* Deste modo, o mecanismo explicativo que vamos evidenciar em nossas próprias argumentações só se faz presente em nossa lida de pesquisa por meio da ação sinérgica e interdependente destes três elementos. ·

Se, contudo, já temos um tema e um problema, já temos alguma coisa. Todavia, se ainda não temos uma provável solução, para ser pelo menos testada, ainda não temos um trabalho que verdadeiramente interesse a ciência. Sendo assim, notamos que o trabalho acadêmico, que se enquadre no âmbito da ciência, necessita ter estes três elementos em seu próprio arcabouço teórico-metodológico. Logo, *é por meio desta tríade conceitual que o pesquisador inicia a sua labuta de pesquisa e constrói possíveis explicações para o fenômeno que visa analisar e compreender em suas próprias elucubrações explicativas.* Além disto, esses três elementos são imprescindíveis para a construção lógica de qualquer discurso explicativo, visto que fundamentam a clareza e a exata compreensão das coisas, *por exemplo.*

De forma simples, e sem subterfúgios, *o tema pode ser definido como aquilo que vai ser focalizado com maior amplitude em nossas próprias argumentações,* demonstrando-se, inclusive, as suas principais características e particularidades. Consequentemente, o tema sempre deve ser focalizado com maior cuidado do que qualquer outra coisa, em qualquer trabalho acadêmico. Portanto, se o estudante se dispersar excessivamente em considerações que não sejam pertinentes para a realização de sua própria atividade de pesquisa, ele estará agindo sem método. Até porque duas das principais exigências do trabalho acadêmico[35] são a objetividade e a clareza de raciocínio que conduzam para um esclarecimento eficaz de um mecanismo explicativo que, certamente, seja capaz de analisar e de compreender sucintamente o fenômeno que nos interessa em nossa própria labuta intelectiva.

Desta maneira, quando já temos um tema que nos interesse, o passo seguinte é identificar um problema que seja capaz de despertar a nossa própria atenção neste campo do saber. Assim, se o tema que escolhemos, por exemplo, for a qualidade no atendimento, um provável problema relacionado com esse tema poderá ser como a qualidade possibilitará o lucro para as organizações. No entanto, no texto acadêmico, enquanto o tema é escrito em uma frase afirmativa, o problema é escrito como uma pergunta. Assim, digamos que o tema seja A Qualidade no Atendimento da FAB Consultoria, o problema de pesquisa poderia ser: Atualmente a FAB Consultoria atende com qualidade todos os seus clientes? *O problema de pesquisa*, consequentemente, *é uma dúvida que temos sobre o tema que escolhemos* e que tem como principal característica a capacidade de despertar a nossa própria atenção para uma dificuldade que enxergamos naquele tema em particular.

Como facilmente notamos, consequentemente, *o problema de pesquisa já subentende o tema,* e muito mais do que isso, *visto que através do problema e do tema, já elaboramos uma possível resposta ou hipótese,* que no caso do nosso exemplo poderia ser: Como atualmente a FAB Consultoria satisfaz plenamente todas as necessidades, expectativas, anseios e motivações dos seus clientes, ela exerce com qualidade todas as suas atividades socioeconômicas. Desta forma, notamos que *a hipótese é uma provável resposta que poderá ser capaz de satisfazer as dificuldades que enfrentamos com o nosso próprio problema de pesquisa.* Até porque de acordo com as circunstâncias teórico-metodológicas que caracterizam a construção do mecanismo explicativo que vislumbramos destacar em nossas próprias argumentações, ela poderá ser válida ou inválida para aquilo que visamos compreender de uma melhor maneira[36].

Assim sendo, se já temos a capacidade de descrevermos, com certa desenvoltura, o tema que será focalizado em nossa própria pesquisa acadêmica e já conhecemos as principais características do tema que vamos desenvolver em nossa própria monografia, já poderemos elaborar uma pergunta e uma resposta para a nossa própria labuta. Ou seja, se já temos um tema, facilmente poderemos deduzir um problema e uma hipótese que poderão servir como ponto de partida para a adequada confecção de nosso próprio trabalho científico.

Portanto, para sintetizar, *o tema é aquilo que buscamos conhecer*

Capítulo 3 - Bé-a-bá da metodologia... 45

um pouco melhor; o problema é uma pergunta que formulamos sobre aquele tema; e a hipótese, por sua vez, é uma possível resposta para o problema que vislumbramos em nossa própria pesquisa, que poderá ser comprovada um ou não no final de nossa própria pesquisa.

3.2-Os tipos de estudo

Após a definição do eixo básico, que é formado pela tríade conceitual tema, problema e hipótese, o pesquisador precisa escolher um tipo de estudo que se enquadre com maior facilidade em sua própria realidade de pesquisa — e que, aliás, até promova a realização de sua própria atividade acadêmica. Porém, se ele não definiu de uma maneira adequada estes três elementos, que estruturam a confecção de qualquer atividade de pesquisa, ele não poderá realizar de forma satisfatória a escolha por uma ou por outra forma de se arquitetar a sua própria análise. Portanto, se o tema escolhido foi, por exemplo, a gestão estratégica do Marketing de Relacionamento na FAB Consultoria, ele deverá optar por um tipo pesquisa que possibilite a realização plena de sua própria atividade de investigação. De forma geral, finalmente, *encontramos três modos diferenciados,* e brutos, *de se desenvolver uma pesquisa,* que são eles: *O exploratório, o descritivo, e o modo bibliográfico.*

Sendo assim, um trabalho pode ser considerado *como exploratório, quando efetuamos um conjunto de determinadas experiências de campo e ou de laboratório em um contexto existencial e ou em um tipo fenômeno que não conhecemos* em todos os detalhes os seus numerosos pormenores e particularidades. Já forma *descritiva,* é praticada *quando realizamos a* nossa própria *pesquisa em um ambiente e ou em um experimento que não nos é desconhecido,* isto é, em uma realidade existencial que já sabemos várias de suas características e particularidades — e que, inclusive, até podemos deduzir, com relativa desenvoltura, diversos tipos de pormenores que lhe são até distintivos. Já o modo *bibliográfico,* que aparentemente pode ser o mais fácil, é praticado *quando realizamos uma "leitura" e, às vezes, até mesmo uma "releitura" de um tema que nos interessa,* destacando o seu histórico e suas principais características e peculiaridades. De modo geral, *não há um método melhor do que outro, mas há um tipo mais adequado para cada realidade vivenciada pelo pesquisador.* Ou seja, se o estudante pretende ter como objeto de pesquisa a descrição e a compreensão da realidade vivenciada por uma escola quanto à qualidade do ensino e ele conhece e até trabalha neste ambiente, o melhor modo de ele fazer o seu próprio trabalho é por meio de um estudo de caso descritivo. Agora se ele não conhece a escola e apenas tem conjecturas quanto à realidade escolar, a melhor alternativa para que realize com facilidade a sua própria labuta é uma pesquisa exploratória. Entretanto, se ele não conhece e não tem como experimentar em campo a sua própria hipótese de trabalho, o melhor a ser feito é um estudo bibliográfico.

Quando o investigador já possui uma boa experiência, que lhe possibilite expandir os seus próprios horizontes teórico-explicativos, também há, evidentemente, a possibilidade de se usar tipos mistos de investigação — como, por exemplo, uma pesquisa basicamente bibliográfica que, em certos momentos, se aventure como uma atividade exploratória ou descritiva. Apesar disso, é bom se destacar que qualquer atividade descritiva ou exploratória também é, simultaneamente, um experimento bibliográfico — mesmo que, aliás, em suas devidas proporções. Até porque é em um conjunto de paradigmas, que foi validado anteriormente, que estas experiências se norteiam na construção de suas próprias respostas. *Não obstante, uma atividade acadêmica, e até científica, poderá ser exclusivamente bibliográfica.* Como, inclusive, é muito comum nas atividades acadêmicas no campo das ciências humanas, ou qualquer atividade que se fundamente na construção de novas teorias ou paradigmas — *como no caso da física especulativa, por exemplo. Neste caso, portanto, a pesquisa se caracteriza como uma atividade que é reconhecida como um ensaio acadêmico, ou seja, como um tipo de trabalho que se caracteriza pela defesa franca (e até aberta!) de uma ideia que não é necessariamente comprovada através de uma prova empírica e ou experimental* — mesmo que seja posteriormente ratificada por outro investigador que se interesse por aquele tema em particular.

Além do mais, *também é bom se destacar que se as investigações exploratórias ou descritivas são atividades de onde se deduz algo ou alguma coisa* exclusivamente *através dos fatos e ou dos experimentos* (que até são vivenciados na experiência "prática" que sintetiza a construção de uma possível solução para o problema), *logo elas são atividades fundamentadas no consenso empírico.* Afinal, uma possível respos-

Capítulo 3 - Bé-a-bá da metodologia...

ta sempre é comprovada nos testes que são sistematicamente aplicados no fenômeno investigado; *e, portanto, estes dois tipos distintos de estudo podem ser definidos como empírico-dedutivos.* Ou seja, aqui dos fatos se deduz uma resposta e os seus respectivos argumentos. *Por sua vez, se uma investigação bibliográfica é um trabalho invariavelmente mental ou metafísico* (até porque são das ideias que se fundamentam a estrutura básica do ensaio), *logo ela é uma atividade basicamente indutiva,* pois ela é estabelecida pelo uso da razão. *Uma investigação bibliográfica,* portanto, se arquiteta nas teorias e nos paradigmas que correspondem à solução do problema que é indagado; *e, neste sentido, nota-se que ela é um tipo de averiguação que pode ser definida como teórico-indutiva.* Isto é, aqui das ideias se induz uma resposta e os seus respectivos argumentos.

De qualquer modo, *a escolha por um tipo ou por outro só pode feita de forma eficaz caso o pesquisador já tenha um conhecimento pelo menos razoável daquilo que ele centraliza nas suas próprias argumentações;* e que tenha, pelo menos, uma noção exata de que o método escolhido vai ser capaz de facilitar a realização de todos os objetivos pré-estabelecidos para aquela pesquisa. Assim, o que importa não é apenas se circunscrever a uma modalidade qualquer, mas ser capaz de resolver com desenvoltura o problema a ser investigado.

3.3-As abordagens de pesquisa

Nesta etapa o pesquisador deverá definir qual a melhor abordagem para o desenvolvimento gradual de sua própria atividade de estudo. Que, aliás, também deverá ser plenamente adequada as suas próprias necessidades teórico-metodológicas. *De forma simples,* consequentemente, *a abordagem de pesquisa é o horizonte conceitual adotado pelo pesquisador para a observação, para a análise e para a compreensão do seu próprio objeto de investigação.* Portanto, é a base que estrutura a construção metódica das estratégias teóricas e metodológicas adotadas pelo estudante para desenvolver com êxito a sua própria atividade de pesquisa, facilitando, inclusive, a consolidação de todos os objetivos estabelecidos para aquela investigação, em particular. *Poderemos optar, basicamente, por três abordagens de pesquisa. São elas: A abordagem*

48 Descomplicando o Complicado

qualitativa, a abordagem quantitativa e a abordagem qualiquantitativa.
As principais diferenças entre estas três formas de abordamos uma pesquisa, todavia, *tornam-se mais nítidas na coleta e na análise dos dados recolhidos em um trabalho de campo*, sobretudo. Assim sendo, para a abordagem qualitativa, por exemplo, se adotamos um questionário para a coleta de algumas informações, que consideramos imprescindíveis para a plena realização de nossa própria pesquisa, fazemos, principalmente, perguntas abertas e que devem ser justificadas pelos famosos "porquês". Assim, se queremos identificar por que os clientes da FAB Consultoria estão satisfeitos com todos os serviços prestados por aquela empresa ao mercado consumidor, pedimos que os clientes que responderam que se justifiquem e que enfatizem, de maneira especial, os principais motivos de estarem satisfeitos pelos serviços prestados por essa organização. Agora, se visamos identificar o atual nível de satisfação dos atuais clientes desta empresa, por meio de uma pergunta que facilite a sua mensuração por meio de métodos estatísticos e matemáticos, como é o caso da escala de Likert, a melhor abordagem para a nossa própria pesquisa é o horizonte quantitativo. Contudo, se a nossa intenção for cumprir estes dois objetivos, a melhor abordagem para a nossa atividade acadêmica é o horizonte qualiquantitativo, pois é ele que oferece a oportunidade de desenvolvermos o nosso próprio trabalho através dos métodos qualitativos e quantitativos simultaneamente.

Consequentemente, *a definição de uma abordagem pesquisa adequada as nossas próprias necessidades teórico-metodológicas* é uma etapa *imprescindível para efetiva realização de qualquer trabalho acadêmico*. Porque, sobretudo, de acordo com a escolha que o pesquisador tenha feito, ele deverá agir de uma maneira ou de outra na coleta, na análise e até na compreensão das informações que ele necessita dispor para cumprir adequadamente todos os objetivos de sua de sua própria monografia — notadamente sobre aquilo que ele focaliza com maior amplitude em suas argumentações. Além disto, ela deverá ser plenamente condizente com o tipo de estudo adotado pelo aluno, visto que, em alguns casos, por exemplo, a abordagem quantitativa, e até mesmo a qualiquantativa, não possibilita a sua plena realização — como ocorre com os estudos de caso mal planejados, sejam eles descritivos ou exploratórios.

Capítulo 3 - Bé-a-bá da metodologia...   49

3.4-O Eixo Secundário: a justificativa e a problematização

Em muitas pesquisas monográficas é muito comum a apresentação de uma justificativa teórica e de uma problematização do problema de pesquisa. Em certo sentido, a justificativa muitas vezes é imprescindível para realização de alguns trabalhos acadêmicos, pois por meio dela podem se evidenciar, rapidamente, as prováveis vantagens para o desenvolvimento de um trabalho em particular.

Logo, quando desenvolvemos um estudo de caso descritivo — que, aliás, tenha como abordagem de pesquisa o horizonte qualiquantitativo — para, por exemplo, a compreensão da qualidade do atendimento da FAB Consultoria, ela pode, neste caso, ter como uma boa justificativa as prováveis vantagens oriundas por meio desta investigação para o adequado sucesso financeiro desta empresa nos próximos anos. Ou seja, é possível se afirmar que compreender os principais anseios de quem compra é uma boa maneira de se fidelizar e até de se captar novos clientes no mercado consumidor, que, por certo, poderão ampliar as margens de ganho de qualquer negócio no futuro — inclusive daquele que se enquadra nas realizações comerciais desta empresa. Dito por outras palavras: a *justificativa* deve ser *a descrição minuciosa do amplo conjunto das prováveis vantagens que serão ocasionadas por meio desta investigação para a análise e para a compreensão do próprio problema de pesquisa.* E por esta razão, sobretudo, é uma etapa indispensável para a realização de muitas pesquisas acadêmicas.

A problematização, por sua vez, *é a apresentação e a respectiva contextualização do problema de pesquisa*, onde o estudante apresenta através de uma explanação clara e concisa os diversos tipos de aspectos que são relevantes para a adequada análise e, aliás, para a compreensão mais eficaz de sua própria pesquisa. Assim, em certo sentido, ela valoriza ainda mais as argumentações desenvolvidas na justificativa, até porque apresenta em um contexto mais amplo o problema de pesquisa, ou seja, a pergunta que orienta o trabalho acadêmico. Consequentemente, ela servirá como base para a emersão de um parâmetro conceitual mais amplo, o que, de certo modo, tornará a própria investigação uma atividade mais atrativa para outros estudiosos e mais "saborosa" para quem a desenvolve, portanto.

Geralmente, *a problematização finaliza-se com a apresentação de uma pergunta clara e objetiva que esteja voltada estritamente para o tema de pesquisa* que escolhemos. Além disso, só com a sua apresentação, poderemos evidenciar os objetivos que definimos para a realização do nosso próprio estudo. Que, aliás, também deverão facilitar a comprovação ou a refutação da hipótese que apresentamos como uma provável solução para o problema de pesquisa que visamos resolver na nossa atividade acadêmica.

3.5-Os objetivos: o roteiro...

Muitas vezes, o aluno pensa que a definição dos objetivos, que serão realizados por meio de sua própria pesquisa acadêmica, é algo que pode ser feito de forma acidental, sem a mínima necessidade de cumprir determinadas imposições teórico-metodológicas e que, consequentemente, é uma etapa que não exige tanto a sua dedicação, visto que basta colocar algumas palavras (geralmente alguns verbos!) e pronto.

No entanto, esta etapa é tão importante quanto às outras para a plena realização de qualquer pesquisa científica e, portanto, acadêmica. Até porque *os objetivos devem ser encarados como as metas que o estudante visa alcançar através de sua própria atividade de estudo e pesquisa.* Logo, a fixação de um objetivo geral e de alguns objetivos específicos é uma etapa de suma importância para qualquer estudo acadêmico, porque, principalmente, com a realização destas metas o estudante realiza de forma eficaz e plena a sua própria pesquisa.

Além disso, o estudante deve ter em mente que *os objetivos* que ele enumera para a sua própria labuta intelectiva *se inter-relacionam diretamente com a abordagem de pesquisa* que ele adotou e com o tipo de estudo que ele vai desenvolver. Consequentemente, de acordo com as implicações teórico-metodológicas que estas ferramentas solicitam para a sua própria monografia, por exemplo, ele deverá enquadrar-se perfeitamente a estas solicitações para realizar facilmente a sua atividade de estudo. Logo, se na sua monografia um educando define que terá como abordagem de pesquisa o horizonte quantitativo, ele deverá colocar como um dos seus objetivos específicos a palavra "mensurar" ou qualquer outra signifique medir ou examinar.

Não obstante, *é por meio da compreensão dos objetivos, notadamente os específicos, que o estudante poderá elaborar um questionário de pesquisa ou um roteiro de entrevista*, caso a sua investigação seja um estudo de caso descritivo ou exploratório. Assim, se ele quer identificar em quais fatores um aluno, por exemplo, classifica um professor como sendo excelente, ele deverá colocar uma questão que aponte alguns itens que ele já supõe formar um mestre qualificado desta maneira na mentalidade do alunado. Do mesmo modo, se caso ele ou qualquer outro aluno queira identificar em quais critérios do Composto Mercadológico um cliente prefere os serviços prestados por uma empresa, ele deve construir, geralmente, uma questão de múltipla escolha que apresente estes critérios. Se, por acaso, a sua pesquisa seja guiada pela abordagem qualiquantitativa, ele pode, primeiramente, mensurar o nível de satisfação; e, em seguida, identificar em quais critérios do Composto Mercadológico o cliente considerará as suas próprias necessidades e expectativas satisfeitas. Que, aliás, é uma atividade que pode ser feita facilmente através de uma questão de múltipla escolha, na qual a amostra de pesquisa necessitará justificar a sua própria resposta.

Portanto, a definição dos objetivos é uma etapa crucial para confecção de qualquer trabalho acadêmico, visto que é por meio deles que vamos realizar determinadas atividades que são imprescindíveis para o cumprimento de nossa própria labuta intelectiva. Logo, *eles sempre devem ser alinhados com as nossas próprias necessidades teórico-metodológicas, servindo, inclusive, como um itinerário prévio para a confecção da pesquisa*, como também como base para um provável questionário ou roteiro de entrevista que possa ser utilizado nos trabalhos de campo. Por consequência, se o primeiro objetivo específico for identificar algo, a primeira ou as primeiras questões do questionário ou do roteiro de entrevista devem ter em mente a realização desta meta; e se o segundo objetivo for mensurar alguma coisa, devemos elaborar uma questão que possibilite a sua análise e compreensão por métodos matemáticos e estatísticos; e se o terceiro objetivo for descobrir em quais critérios algo é classificado de tal maneira, devemos, consequentemente, elaborar uma questão de múltipla escolha que ofereça a possibilidade de realizamos esta tarefa.

Deste modo, *o estudante deve definir com clareza, praticidade e precisão quais serão os objetivos que ele tem em vista realizar*, pois só assim ele poderá alcançar com relativa facilidade a conclusão de determinadas atividades que devem ser cumpridas integralmente para a plena consolidação de seu estudo acadêmico. De maneira geral, o aluno geralmente deve estabelecer um único objetivo geral e, de acordo a disponibilidade de tempo, de recursos e das necessidades de sua própria pesquisa, ele pode apontar um número de objetivos que podem variar. Porém, o ideal é que ele sempre seja econômico quanto à enumeração de objetivos específicos que pretende realizar. Até porque quanto maior o número, mais complexa e extensa será a sua própria atividade de coleta, de análise e de compreensão do objeto que focaliza em suas próprias argumentações.

3.6-A fundamentação teórica

Conhecer bem a teoria ou as teorias que se aplicam ao fenômeno que visamos observar em nossa própria pesquisa é, certamente, a principal finalidade de se construir uma fundamentação teórica em nossas próprias atividades acadêmicas. Sabemos que ela é encarada com muito medo e, às vezes, com muito pavor pela imensa maioria dos alunos. Entretanto, *esta é a fase mais fácil de qualquer trabalho acadêmico, pois aqui* — mais do que qualquer outra parte de sua pesquisa! — *o aluno vai repetir mecanicamente o discurso que já foi apresentado e discutido pelos especialistas da área que interessa a sua própria investigação.*

Ela é tão fácil para certos trabalhos, como é caso dos estudos descritivos e exploratórios, que o estudante perspicaz e sensato geralmente não se preocupa tanto com a sua confecção. Visto que *nos trabalhos de graduação[37], por exemplo, ela é simplesmente a apresentação da teoria e dos paradigmas que circunscrevem o seu objeto de pesquisa*, onde o aluno apresenta a sua definição, o seu histórico e as suas principais características e particularidades. Agora, a origem do medo que sempre se "desperta" na consciência de muitos alunos, de maneira especial na hora de se elaborar a fundamentação teórica e na confecção de sua própria monografia, tem uma origem e ela é justamente a preguiça de estudar e, sobretudo de ler. Se, aliás, não procuramos ler sobre o tema que nos interessa como será possível conhecer bem o nosso próprio objeto de estudo? Claro que há formas de estudar, algumas, inclusive, facilitam consideravelmente a leitura de muitas obras. Mas, geralmente quem domina estes mecanismos aprendeu lendo; e, em outras ocasiões, se não leu e estudou, pelo menos perguntou para quem sabe.

Capítulo 3 - Bé-a-bá da metodologia...   53

De qualquer maneira, o aluno precisa aprender a aprender, pois se for ineficaz em sua própria automelhoria, a confecção de qualquer atividade de pesquisa será uma coisa muito difícil. Até porque o estudante, nestes casos, não domina determinados requisitos que são indispensáveis para a plena concretização de qualquer atividade acadêmica. Portanto, o aluno precisa dominar com desenvoltura certas habilidades que podem ser sintetizadas nas capacidades pessoais de percepção, criatividade e de inteligência. Que, aliás, quase sempre se manifestam pela observação, pela análise, pela síntese e pela interpretação de todos os tipos de fenômenos que interessam ao estudante, que visa superar as suas próprias dificuldades de aprendizado. Consequentemente, ler e, principalmente, estudar é algo fundamental e, até mesmo, imprescindível para a construção da fundamentação teórica, que, aliás, no trabalho acadêmico dá os seus primeiros vislumbres na construção da justificativa e da problematização. Todavia, finalmente, *o que é a fundamentação teórica?* Ela *é simplesmente a apresentação da teoria e dos paradigmas conceituais que circunscrevem o tema que visamos estudar em nosso próprio trabalho,* onde visualizamos, em um contexto epistemológico mais amplo, aquilo que nos interessa na investigação que desenvolvemos na pesquisa que se encontra sobre a nossa própria responsabilidade.

Além do mais, o estudante não necessita se circunscrever aos livros para fazer o seu próprio trabalho. Visto que ele poderá encontrar outras fontes que podem ser muitos úteis para a realização de sua pesquisa, como é caso de revistas especializadas, dos artigos e até de outras monografias. Mesmo assim, o ideal é que ele leia primeiro os ditos "clássicos", pois, só deste jeito, ele poderá traçar com facilidade precisão e rapidez o histórico da teoria e dos paradigmas que circunscrevem o seu próprio objeto de pesquisa. Contudo, ele também não pode desvalorizar as novas obras sobre o tema que lhe interessa. Até porque ao ler as novas concepções que foram elaboradas sobre a sua própria pesquisa, ele poderá compreender com maior facilidade as prováveis dificuldades que aquele campo do saber enfrenta. Permitindo, consequentemente, a elaboração de uma fundamentação teórica amplamente contextualizada com as novas concepções paradigmáticas que envolvem o tema da sua própria investigação.

O estudante, portanto, precisa pesquisar e ler muito, pois só assim ele poderá confeccionar com relativa facilidade o texto que vai embasar

54 Descomplicando o Complicado

a sua fundamentação teórica. Visto que se ele não conhece bem a teoria e os paradigmas que abarcam o seu tema, ele não vai realizar facilmente a sua investigação acadêmica. Logo, em algumas situações, ele nem se quer vai concluir a sua pesquisa, como no caso dos trabalhos de cunho bibliográfico, onde o aluno precisa ler, e muito, para finalizar a sua pesquisa científica com relativa facilidade, precisão e desenvoltura.

Para finalizar, também destacamos que o aluno deve evitar a simples cópia na hora de confeccionar a fundamentação teórica, pois a cópia deslavada de um texto é plágio. De qualquer forma, ele tem a sua disposição inúmeras técnicas de citação, que, decerto, podem ser utilizadas para a realização desta atividade de forma isenta e respeitosa. Cabe, consequentemente, ao estudante muita dedicação e paciência, *até porque uma boa pesquisa bibliográfica — que é imprescindível para a realização de qualquer trabalho científico e acadêmico — não se faz do dia para a noite.*

3.7-As ferramentas teórico-metodológicas

Em algumas pesquisas, como ocorre comumente com os estudos de caso descritivos ou exploratórios — notadamente no campo das ciências sociais aplicadas e das licenciaturas — o estudante precisa apontar um lugar, isto é, o campo empírico no qual se realizará muitas das atividades que são até imprescindíveis para a confecção de sua própria investigação.

Nestas circunstâncias, portanto, também é necessário que aluno aponte o universo e, consequentemente, a amostra que ele utilizará para a realização de seu próprio exame — visto que estes itens serão elementos de suma importância para a qualidade final de suas próprias argumentações, aliás. Só que, além disto, ele também precisará definir (às vezes, quase que de imediato!) um questionário ou um roteiro de entrevista para facilitar a realização de sua própria pesquisa. Que, por sinal, deverão obedecer, ou se enquadrarem, a um cronograma básico de atividades. Ou seja, necessitarão se guiar através de um plano de trabalho que visualize, na íntegra, a execução de todas as tarefas que são imprescindíveis para a realização dinâmica de qualquer atividade acadêmica, certamente. De qualquer modo, caso ele não proceda deste jeito, o seu trabalho estará eivado de um amplo conjunto de desacer-

Capítulo 3 - Bé-a-bá da metodologia...   55

tos irreparáveis — que, por certo, até podem reprová-lo quase que de imediato. Até porque o estudo sobre uma empresa ou escola, por exemplo, sempre necessita demonstrar quais são as principais características circunstanciais destes dois tipos distintos de estabelecimentos para ser uma pesquisa séria e eficaz.

Logo, por este motivo, sobretudo, classificamos estes mecanismos como as ferramentas teórico-metodológicas, pois elas são estruturas epistemológicas que (nestes casos, principalmente) o pesquisador precisa ter para concretizar com maior eficácia e precisão a sua própria investigação. E que, por consequência, devem ser utilizadas com muito rigor por qualquer aluno que queira realizar facilmente as suas próprias atividades de aprendizado — de maneira especial uma monografia que se cumpre, ou que só pode se realizar, através da ação dinâmica, sinérgica e interdependente destes mecanismos.

Há dois tipos distintos de ferramentas teórico-metodológicas, que auxiliam o trabalho do estudante na confecção de suas próprias monografias, são elas: *As primárias e as secundárias. De modo geral, classificamos o campo empírico, o universo e a amostra como os mecanismos primários; e, por sua vez, o questionário, o roteiro de entrevista e o plano de trabalho como os mecanismos secundários.*

3.7.1-As ferramentas primárias

3.7.1.1-O Campo Empírico

Muitos estudos de caso caracterizam-se pela presença de um *campo empírico,* que é justamente *o local onde se realiza o trabalho de coleta das informações que o aluno necessita apresentar para analisar e, principalmente, compreender o fenômeno que ele visa estudar detalhadamente em sua própria atividade de pesquisa e de investigação* científica — como já nos referimos anteriormente.

Portanto, nos trabalhos exploratórios e descritivos é muito comum o educando se deparar com um local onde o seu universo e sua amostra de pesquisa, sobretudo, realizam determinadas atividades em comum. Sejam elas a satisfação de suas próprias necessidades e expectativas ou a realização de determinadas atividades produtivas, como é o caso de um grupo de trabalhadores que labutam em uma empresa em particular, ou de alunos que estudam em uma mesma escola. Logo, de maneira geral, *o pesquisador necessita delinear as principais características físicas, culturais, normativas e até psicológicas deste local* para vislumbrar com maior facilidade e precisão o fenômeno que ele visa focalizar em suas próprias atividades.

Assim, se vamos estudar, por exemplo, o Clima Organizacional de uma empresa do setor de serviços, na qual a baixa motivação dos funcionários aparentemente está gerando um nível de satisfação muito baixo na clientela[38], o pesquisador necessita, além de descrever a estrutura física da organização, evidenciar distintamente as suas principais particularidades culturais e psicológicas. Até porque, estes fatores podem interferir[39] no desempenho dos funcionários, pois alteram com relativa facilidade o resultado final de suas próprias funções — como, de forma geral, ocorre com os casos de promoções dadas pelo *QI* (quem indica), ao invés de serem "oferecidas" pelo "meritômetro".

Desta forma, *o campo empírico não é simplesmente um acréscimo desnecessário de alguns parágrafos ou até mesmo de algumas páginas*, como alguns estudantes imaginam, *pois é por meio de sua rigorosa análise que o estudante poderá compreender como determinados fenômenos ocorrem em uma organização.* O que, certamente, é algo imprescindível para a plena realização de sua própria atividade acadêmica, visto que também facilita a consolidação de suas próprias metas.

3.7.1.2-O Universo e os Tipos de Amostra

Após descrever o local onde será realizada a sua própria *pesquisa* acadêmica, *o estudante necessita*, em seguida, *apontar quem é o universo e a amostra* que servirá para a análise e para a compreensão de sua própria atividade. *O universo* de pesquisa, de forma simples, *pode ser definido como a totalidade de um grupo de elementos que possuem pelo menos uma característica em comum.* Logo, se o investigador visa identificar se os alunos de uma escola encontram-se satisfeitos com a qualidade do estabelecimento e dos professores, o seu universo é o conjunto completo de todos os estudantes que frequentam aquele estabelecimento. No entanto, se ele só quer saber qual a visão dos estudantes do turno da manhã sobre este tema, o seu universo de pesquisa é a totalidade dos educandos que vão à escola neste horário.

Capítulo 3 - Bé-a-bá da metodologia...   57

Portanto, notamos que *o universo de pesquisa depende do corte que vamos estabelecer para a coleta, para a análise e para a compreensão do nosso próprio objeto de investigação; e, aliás, até mesmo da disponibilidade de recursos e do tempo que temos ao nosso próprio alcance para a realização desta observação —* como, mais adiante, veremos. Agora, se ele quer facilitar a sua vida e quer realizar com maior facilidade e precisão a sua atividade de investigação, o ideal é que ele limite o universo de pesquisa. Até porque quanto menor, mais fácil será a sua atividade de coleta e de análise, pois a sua amostra de pesquisa poderá ser menor. Porém, este mecanismo não se enquadra bem para trabalhos mais complexos, mesmo sendo muito eficaz para trabalhos iniciais, que podem ser continuados em outras pesquisas a serem realizadas no futuro, visto que inviabiliza a apresentação de resultados conclusivos. Neste sentido se pretendemos identificar em quais fatores os cidadãos de um município consideram um prefeito um excelente gestor público, nós poderemos iniciar esta atividade em um bairro ou em um setor da cidade; e no futuro, de acordo com as nossas próprias necessidades e com a disponibilidade de recursos e de tempo, poderemos expandir o universo que serviu para a montagem de nossa atividade de investigação. Além disto, destaca-se que *o universo de pesquisa se classifica em finito (até 50.000 elementos) ou em infinito (mais de 50.000 elementos),* que aparentemente parece um detalhe simples, mas que o estudante deve está ciente. Até porque de acordo com o tamanho da população, que compõe a totalidade do seu universo de investigação, ele deverá adotar tipos de amostragens diferenciadas que sejam mais adequadas as suas próprias necessidades teórico-metodológicas.

Já *a amostra, que é uma parte ou fração do universo que estudante investiga em sua própria atividade de pesquisa, deve ser selecionada preferencialmente por métodos estatísticos de tal forma que ela apresente as principais características desse universo ou população.* Logo, a amostra é um instrumento metodológico que facilitará consideravelmente a atividade de pesquisa, pois "diminui" o foco do estudante sobre o fenômeno que visa compreender, facilitando, consequentemente, as atividades de análise e a de apreensão, que são imprescindíveis para a plena realização de sua própria atividade acadêmica. Quanto ao tamanho final da amostra, que o pesquisador selecionará para a confecção de sua própria atividade de investigação, ele dependerá dos seguintes fatores: Da amplitude do universo (isto é, o seu tamanho); do nível de confiança[40] estabelecido; do erro de estimação permitido; e da proporção da característica pesquisada no universo. *Entretanto*, elas, isto é, *as amostras, também devem ser definidas de acordo com a disponibilidade de tempo e de recursos que se encontram ao alcance* do investigante. Visto que se, por acaso, ele não tiver tempo e, além disso, lhe faltar material para a confecção de sua busca, ele deve usar um tipo de prova que se enquadre mais facilmente a estas dificuldades.

> O universo pode ser entendido como o conjunto populacional que vivencia com certa frequência o fenômeno que o estudante visa compreender...
>
> ...no qual a amostra é simplesmente uma parcela representativa de suas principais características.

Neste sentido, *quanto à organização do planejamento amostral*, que será de fundamental importância para a definição e a respectiva seleção da amostra de pesquisa, *o estudante pode utilizar-se de dois horizontes interpretativos, que são eles: o probabilístico e o não-probabilístico. Seguramente que uma amostragem probabilística pode garantir uma maior eficácia para qualquer trabalho acadêmico*, pois é uma excelente maneira do pesquisador evitar o vício de seleção[41] que pode, inclusive, ser extremamente desastroso para a qualidade final de qualquer pesquisa que interesse ao saber científico. Mas, muitas vezes, até mesmo na prática acadêmica, isto não é possível, *até porque há muitas situações que um planejamento amostral fundamentado em métodos estatísticos é praticamente inviável.* Como no caso de pesquisas iniciais ou de investigações que não contam com um tempo ou com uma quantidade de recursos adequados as suas próprias características e particularidades.

Capítulo 3 - Bé-a-bá da metodologia... 59

Nessas situações, portanto, utiliza-se um plano amostral não-probabilístico, pois a seleção da amostra de pesquisa foi definida pelas próprias características do fenômeno a ser pesquisado. *Tanto a perspectiva probabilística como a não-probabilística, todavia, têm seus próprios benefícios e desvantagens. A principal vantagem da amostra probabilística, por exemplo, é a sua capacidade de medir o erro amostral e de garantir, consequentemente, a precisão da prova obtida*, baseando-se nos resultados contidos na própria amostra selecionada para o estudo. *Contudo, a amostragem não-probabilística*, por sua vez, também é muito eficaz em algumas situações, visto que ela *possibilita a elaboração de um plano amostral capaz de abonar a realização de diversas investigações.* Até porque fornece uma metodologia de trabalho capaz de assegurar a realização da coleta e da análise do material de campo, que o pesquisador necessita para o cumprimento irrestrito dos seus objetivos de trabalho.

Um plano amostral, no entanto, não deve ser elaborado de qualquer jeito, pois ele deve obedecer, em primeiro lugar, as necessidades teórico-metodológicas que cada pesquisador tem nas suas próprias atividades de investigação. Neste sentido, *a escolha de uma amostra* de pesquisa também *deve ser baseada no reconhecimento de todos os pormenores, particularidades e feitios do universo que circunscreve o fenômeno que estudante observa* em sua própria monografia[42]. Porém, (repetimos) *a maneira estatisticamente correta de se escolher* os indivíduos que formarão *a amostra de pesquisa é através de métodos probabilísticos, visto que só este tipo de amostragem é capaz de garantir uma perspectiva praticamente igual de todos os membros do universo formar a provável amostra a ser selecionada* para a investigação[43].

Quanto uma possível subdivisão teórico-metodológica, *estas duas abordagens podem ser aplicadas de nove maneiras diferentes. Deste modo, para a modalidade probabilística temos: A aleatória simples, a aleatória estratificada, a sistemática, a por conglomerados e por múltiplos estágios.* Já *para a modalidade não-probabilística temos: A amostragem bola de neve, a acidental, a por conveniência, e a por cotas.*

De qualquer jeito, destaca-se que apenas com o uso eficaz de metodologias de seleção, embasadas de maneira especial na estatística, será possível se superar os vícios de amostragem, que tornam inconclusivos — até invalidados! — os resultados de qualquer investigação acadêmica.

60 Descomplicando o Complicado

3.7.1.2.1-Os tipos de amostra de pesquisa

A seguir, apresentaremos as principais características dos tipos de amostras que o estudante poderá adotar para realizar a sua própria monografia. Até porque reconhecê-las e saber diferenciá-las é, decerto, uma boa forma de se usá-las com precisão em qualquer atividade científica e ou acadêmica. Aliás, quem utiliza de forma errada qualquer modalidade amostral, certamente não cumpriu uma boa atividade de pesquisa, pois cada tipo de amostra se adéqua para um respectivo tipo de estudo, logo uma amostragem inadequada inviabiliza qualquer pesquisa.

Ter condições de se formar adequadamente uma amostra de pesquisa, portanto, é um passo imprescindível para qualquer estudante que vise fazer corretamente a sua própria monografia, sobretudo uma que se enquadre como um estudo de caso descritivo ou exploratório. Infelizmente, a maioria dos manuais de metodologia não aborda adequadamente este tema, visto que não apresentam de forma clara e objetiva todos os tipos de amostras que poderão ser aplicadas em diversos tipos de estudo — que, aliás, geralmente solicitam tipos distintos de amostragem, como já referimos anteriormente.

3.7.1.2.1.1-Amostra aleatória simples

De modo geral, a modalidade *aleatória simples tem como premissa básica a possibilidade de que cada componente da população estudada tenha a mesma chance de ser escolhido para compor a prova que o investigador visa ter em sua própria pesquisa.* Ela, portanto, *geralmente ocorre através do sorteio do número desejado de elementos que estão presentes no universo, podendo ser feita com reposição ou sem reposição*, pois na primeira delas um elemento sorteado uma vez pode ser sorteado novamente; enquanto que na segunda, um elemento sorteado só pode figurar uma única vez na amostra de pesquisa.

3.7.1.2.1.2-Amostra estratificada

Na amostragem estratificada, onde a população é dividida em estratos diferenciados, que formam um mesmo horizonte de eventos, *o pesquisador objetiva facilitar a identificação de características distin-*

Capítulo 3 - Bé-a-bá da metodologia... 61

tas para diversas categorias que subdividem esta população. Portanto, esta estratégia geralmente *é aplicada quando o evento estudado num universo de pesquisa possui algumas características que não são condizentes em todos os possíveis subgrupos,* que compõem o somatório geral da população e que, consequentemente, abrangem o fenômeno que realmente interessa ao pesquisador.

Este tipo de amostragem *pode ser feita de duas maneiras,* que são elas: *a proporcional e a não-proporcional,* visto que na primeira delas sorteia-se um número igual de elementos em todos os estratos do universo; e enquanto que na segunda forma o número de componentes de cada subgrupo não respeita a proporcionalidade de cada estrato no somatório geral do universo de pesquisa.

3.7.1.2.1.3-Amostra sistemática

Na amostragem sistemática o *procedimento de sorteio dos elementos que formarão a amostra de pesquisa é bem parecido com a modalidade aleatória simples.* Até porque a única diferença entre elas é que a modalidade sistemática estabelece mais dois critérios de sorteio dos elementos que formarão a amostra de pesquisa.

O primeiro critério é uma exigência estritamente temporal. Assim, por exemplo, se o pesquisador deseja saber o nível da qualidade no atendimento de uma oficina mecânica, ele pode, consequentemente, coletar as informações que precisa no período de um mês, dando, inclusive, a possibilidade de todos os clientes participarem ativamente da pesquisa, que ele desenvolve naquele estabelecimento em particular. Quanto ao segundo critério, por sua vez, ele estabelece um número para cada cliente entrevistado[44], ou seja, faz uma lista numerada e define, digamos, que a cada 5 elementos um será sorteado para a amostra que ele vai utilizar para a sua investigação. Logo, se por acaso a oficina atendeu no período de trinta dias 55 clientes, a sua amostra poderá ser composta pelos fregueses n° 5, 10, 15, 20, 25, 30, 35, 40, 45, 50 e 55 da lista.

A amostragem sistemática é indicada, portanto, *quando o pesquisador visa utilizar um período de tempo para execução da coleta de dados, ou seja, quando ele deseja cobrir um determinado período para observar um pouco melhor o fenômeno que interessa ao seu próprio problema de pesquisa.* De maneira geral, entretanto, o número final dos

62 Descomplicando o Complicado

elementos que formarão a amostra pode ser calculado como na amostragem aleatória simples; e o intervalo de sorteio pode ser definido a partir da frequência esperada para a consumação do evento que interessa o pesquisador. Todavia, para que a constância seja definida desta maneira, o ideal é a realização de uma pesquisa prévia por meio de métodos não-probabilísticos — que, aliás, até poderá servir como parâmetro para a organização de uma segunda investigação.

3.7.1.2.1.4-Amostra por conglomerados

Na amostragem por conglomerados, por sua vez, *o pesquisador divide a população examinada em subunidades*, ou seja, estabelece um corte ou diversos cortes no universo investigado, dividindo-o em unidades menores, que possuam as características que interessam ao fenômeno que é focalizado em suas próprias argumentações. Assim, ele estabelece um corte por faixa etária, por exemplo, que será precedido pelo sorteio de alguns destes grupos que serão observados integralmente na fase de coleta.

3.7.1.2.1.5-Amostra por estágios múltiplos

A amostragem por estágios múltiplos é uma estratégia amostral que combina de forma harmônica e interdependente *dois ou mais plano amostrais*, desde que facilitem a realização eficaz de uma pesquisa que nos interessa. Geralmente, ela é aplicada em pesquisas mais complexas, onde a disponibilidade dos recursos e de tempo útil para a consumação da investigação realmente favoreçam a realização do trabalho do pesquisador. Portanto, ela pode ser muito favorável em investigações onde o universo de pesquisa é muito extenso, visto que ela possibilita uma seleção mais pormenorizada de uma parcela desta população que formará amostra final de pesquisa.

3.7.1.2.1.6-Amostra bola de neve

Como já percebemos, *estes tipos de amostragens que apresentamos anteriormente solicitam uma dedicação* e uma persistência *considerável* por parte do estudante, *pois* ele deverá conhecer relativamente bem

Capítulo 3 - Bé-a-bá da metodologia...   63

o universo de sua investigação. Consequentemente, *elas nos levam algum tempo; e, de certo modo, solicitam uma concentração muito grande* do pesquisador *na coleta minuciosa de todas as informações* que ele necessita ter para concluir com êxito a sua própria atividade de estudo. *Além disso, há outra dificuldade* que poucos pesquisadores iniciantes percebem facilmente, *pois como estes tipos de amostras devem ser definidos por métodos matemáticos, elas precisam*, portanto, *ser calculadas através de fórmulas estabelecidas pela estatística*, principalmente. *Logo, muitas vezes, dependendo do tamanho do universo, o nível de confiabilidade da equação, que vai determinar o tamanho final da amostra, não é garantido.* Então, *como realizar uma pesquisa em situações como esta? Esta dificuldade o aluno vai superar de forma relativamente simples caso ele utilize um tipo de amostragem não-probabilística*, que é um método relativamente simples e prático de se realizar qualquer trabalho de pesquisa. Até porque, esta modalidade de amostragem não precisa ser calculada e pode se adaptar facilmente a diversas dificuldades que o pesquisador se depara na realização de sua atividade de investigação.

Neste sentido, *a modalidade amostral bola de neve*, que é um método não-probabilístico de formamos uma prova de pesquisa, *tem como principal característica o fato de ser formada pelas indicações das próprias pessoas que compõem o universo de pesquisa*, onde uma pessoa que já participou da investigação indica outra e assim sucessivamente. Logo, *ela é muito útil em casos onde o pesquisador precisa desenvolver com rapidez o seu trabalho de investigação e*, sobretudo, *com certa precisão sobre determinados fenômenos — como é caso, por exemplo, sobre a opinião dos médicos de uma cidade sobre a prática de automedicação.* Assim, percebe-se que ela é uma modalidade de amostra bem prática, pois pode facilitar consideravelmente a atividade de coleta das informações que o pesquisador necessita ter. Contudo, ela também pode ter vários vícios de amostragem[45]. O que é algo que restringe, consequentemente, o seu uso ou para trabalhos iniciais, ou para certas atividades onde a opinião abalizada de certos indivíduos contribuir, de alguma maneira, para qualidade final de algumas pesquisas.

64 Descomplicando o Complicado

3.7.1.2.1.7-Amostra acidental

A amostra acidental[46]*,* por sua vez, *é formada na medida em que as pessoas vão surgindo ou sendo encontradas,* até que o número de elementos que tenha sido pré-estabelecido para a sua plena efetivação seja alcançado. Ela, portanto, é muito utilizada em pesquisas que objetivam coletar certas informações, sobre determinado assunto em particular — como é o caso das prováveis intenções de voto dos eleitores de um município, por exemplo. Logo, como todos os métodos não-probabilísticos esta estratégia amostral é muito vulnerável a vícios de interpretação, visto que o seu nível de confiabilidade não pode ser determinado por métodos estatísticos.

Assim, *a amostra acidental é um tipo de prova muito útil para trabalhos que não possuam um tempo relativamente razoável para a sua realização*; e que sejam custeados por um valor muito pequeno de recursos, pois ela pode ser feita sem tantas despesas e com um tempo relativamente curto.

3.7.1.2.1.8-Amostra por conveniência

Outra modalidade não-probabilística — aliás, muito utilizada nos dias de hoje — é amostra *por conveniência,* que tem *como principal característica o fato de ser muito eficaz para trabalhos iniciais* — como é o caso de muitas monografias de conclusão de curso[47]. Assim, *para que ela seja aplicada o pesquisador estabelece um critério plenamente conveniente com as características do seu próprio objeto pesquisa* — como é o caso, por exemplo, os clientes de uma oficina mecânica.

Não obstante, há certos métodos que o pesquisador também deve observar na sua aplicação. O primeiro deles é estabelecer um corte temporal para a realização da pesquisa. Logo, se vamos pesquisar a qualidade do atendimento desta oficina mecânica, que atende uma média mensal de 120 clientes ao longo de um mês, definimos, por exemplo, uma semana para a coleta de 30% das opiniões de todos os clientes que foram atendidos neste período. Logo, se a oficina atende 120 clientes em um mês, atenderá, em média, pelo menos 30 clientes no período de uma semana, e 30% deste percentual é de 9 clientes que devem compor a amostra de pesquisa.

Capítulo 3 - Bé-a-bá da metodologia...   65

O segundo critério, por sua vez, é estabelecer um método que possibilite para os 30 fregueses a possibilidade de formarem esta amostra, que pode ser pelo sorteio "prévio", ou por qualquer outro mecanismo, que ofereça para estas 30 pessoas chances rigorosamente iguais de formarem o conjunto da prova. O que não pode ser feito, contudo, digamos, é selecioná-la para um único dia de atendimento, o que poderá inviabilizar drasticamente as argumentações contidas nesta pesquisa em particular.

3.7.1.2.1.9-Amostra por contas

Ainda há outra modalidade de amostragem não-probabilística, que também pode facilitar a realização de muitas atividades acadêmicas, que *é uma estratégia* teórico-metodológica *que pode ser utilizada em situações onde ocorrem certas restrições para a amostragem por conveniência.* Este procedimento, consequentemente, é muito parecido com a amostra por conveniência, pois a diferença básica entre elas é que este processo de amostragem pode ser aplicado em determinados segmentos do universo pesquisado. Como é caso, por exemplo, de todos os homens que foram atendidos na oficina mecânica no período que correspondeu à realização da pesquisa de campo.

3.7.1.2.1.10-Observações finais

Finalmente, *você quer moleza na confecção de sua própria monografia, que é desenvolvida por meio de um estudo de caso descrito ou exploratório?* Então *estabeleça uma estratégia amostral não-probabilística, pois se você não tem recursos e nem tempo para fazer um trabalho mais complexo ela é um tipo de amostragem perfeita para estas situações.* Até porque ela é indicada para pesquisas inéditas ou iniciais — como ocorre, na maioria das vezes, com muitas monografias de conclusão de curso da área de Administração, por exemplo.

Claro que *a modalidade não-probabilística de se articular uma estratégia amostral é menos eficaz que a maneira probabilística. No entanto, em muitas situações apenas uma amostra enquadrada neste perfil pode ser aplicada na realização de algumas pesquisas,* como ocorre com muita frequência nas monografias de conclusão de curso no nível de graduação. Mesmo assim, cabe ao estudante discernir se estes procedimentos realmente podem viabilizar a sua atividade de investigação, pois se não facilitarem o ideal é que ele adote um procedimento mais adequado as suas próprias necessidades teórico-metodológicas.

Seguramente que é uma das funções do orientador abrir os olhos do seu discípulo quanto à periculosidade de algumas formas de se estabelecer amostragem. Mas, muitos professores nem falam isto para os seus alunos, por diversas motivações, aliás. O que, consequentemente, poderá ser desastroso para a confecção da atividade acadêmica de muitos estudantes, pois eles poderão se expor a um grave erro teórico-metodológico[48]. Portanto, o aluno não precisa ser o cordeirinho que confia cegamente no seu orientador e por esta razão, principalmente, ele precisa estudar muito no decorrer de sua vida acadêmica. Visto que só desta forma ele não será uma vítima em potencial para armadilhas — que, por sinal, "matam" muitos educandos na confecção de suas próprias atividades monográficas.

Logo, *a definição do universo e da amostra é uma etapa crucial para qualquer atividade de pesquisa, pois a definição clara e objetiva destes fatores decerto facilitará a concretização de qualquer investigação* científica. Porque, sobretudo, ela é uma etapa indispensável para muitas atividades que o estudante se envolve na realização do trabalho de conclusão de curso. Notadamente nas fases de coleta e de interpretação dos dados que ele necessita ter para realizar de forma eficaz as suas próprias atividades acadêmicas.

3.7.2-As ferramentas secundárias

3.7.2.1-O questionário e a entrevista

Quando o estudante desenvolve a sua própria atividade de pesquisa através da análise e da compreensão de uma realidade fenomênica que classificamos como sendo o campo empírico, ele terá a necessidade de coletar determinadas informações por meio de dois mecanismos, que são eles: o questionário e a entrevista — notadamente nos estudos de caso descritivos e exploratórios.

Certamente que o aluno perspicaz e sensato não optará por uma ou por a outra maneira de realizar a sua atividade de investigação de

Capítulo 3 - Bé-a-bá da metodologia...

forma aleatória. Até porque a escolha entre um questionário e a entrevista sempre deve atender as suas próprias necessidades teórico-metodológicas. Deste modo, de acordo com aquilo que ele precisa cumprir, *ele deverá utilizar uma maneira ou a outra na coleta de informações que precisa ter para realizar a sua própria atividade acadêmica.* Neste sentido, por exemplo, é que a entrevista pode ser mais eficaz para a abordagem qualitativa, pois de acordo com a sensibilidade de quem pergunta, pode-se se identificar possíveis particularidades e características que não tinham sido intuídas na fase de planejamento do roteiro de entrevista. E o questionário, por sua vez, é muito mais prático para o horizonte quantitativo, visto que facilita a tabulação dos dados recolhidos no trabalho de campo.

Além do mais, de forma geral, *um questionário de pesquisa pode conter questões abertas, fechadas e de múltipla escolha.* Decerto que de acordo com os objetivos (tanto o geral, como também os específicos) e com o horizonte que o investigador utiliza para realizar a sua própria pesquisa, ele pode utilizar todos estes tipos de questionamentos em uma única investigação. Porém, ele precisa ser metódico, objetivo e prático neste tipo de situação, pois as questões devem ser montadas de tal maneira que facilite a realização da pesquisa. *Nas questões abertas, geralmente se pergunta algo e o "entrevistado" responde ou expõe a sua própria opinião de acordo com as suas convicções pessoais* — e este tipo de questão, consequentemente, é ideal para a abordagem qualitativa ou qualiquantitativa. Até porque ela é possibilita a identificação de determinados fenômenos que interessam a esta abordagem com maior facilidade e precisão. *Entretanto, algumas questões de múltipla escolha podem ser utilizadas exclusivamente para a abordagem quantitativa,* como acontece com os questionamentos que mensuram determinados fenômenos que interessam ao estudante. *Já as questões fechadas,* que podem ser dicotômicas (do tipo sim ou não) ou tricotômicas (sim, ou não, ou talvez), *são muito eficazes para a tabulação rápida de determinadas informações* — como é caso, por exemplo, do perfil socioeconômico de uma clientela de um supermercado. Este tipo de questionamento, todavia, pode ser aplicado a qualquer abordagem de pesquisa, desde que seja condizente com os objetivos estabelecidos para a realização daquela pesquisa em particular.

Um questionário, portanto, *é um instrumento escrito que visa faci-*

68 Descomplicando o Complicado

litar a coleta das informações que o investigante necessita ter na sua própria pesquisa, pois é uma ferramenta metodológica que acelera a realização de qualquer investigação acadêmica. Agora, *a entrevista*, mesmo que o pesquisador tenha um provável roteiro escrito, ela geralmente *ocorre por meio da oralidade*, ou seja, não há presença de nenhum instrumento físico a não ser, às vezes, a de um gravador, de um papel ou de uma caneta. Logo, é uma metodologia visivelmente mais lenta para a coleta de informações do que um questionário. Contudo, ela é capaz de oferecer mais informações para o pesquisador, visto que pode ser direcionada para determinados fatos — que o entrevistador notou na hora da coleta, principalmente. Consequentemente, tanto *a elaboração do questionário como também a montagem de um provável roteiro de perguntas, que serão utilizadas na entrevista, devem ser plenamente adequadas às inúmeras necessidades teórico-metodológicas que cada trabalho possui.* Além, é claro, de viabilizarem o cumprimento irrestrito do conjunto de todos os objetivos que aluno necessita realizar para desenvolver a sua atividade de investigação e de pesquisa de modo pleno e dinâmico. No entanto, de acordo a disponibilidade de recursos e de tempo, o aluno pode dispor destas duas maneiras de desenvolver a sua atividade de coleta. Desde que as orientações teórico-metodológicas de sua investigação acadêmica viabilizem esta atividade — como é o caso de um trabalho que tenha como horizonte de pesquisa a abordagem qualiquantitativa.

Porém, *o aluno pode desenvolver a coleta das informações que necessita recolher só com um destes modos; e o aconselhável, inclusive, para trabalhos iniciais é que ele proceda só desta maneira.* Até porque é algo que facilitará a tabulação, a análise e a compreensão dos dados que o pesquisador tem a sua disposição para confeccionar rapidamente a sua própria investigação científica.

3.7.2.2-O plano de trabalho

Em algumas pesquisas, é de fundamental importância a construção de um plano de tarefas que sirva para mensurar o andamento do trabalho desenvolvido pelo pesquisador[49]. Entretanto, a sua presença também é obrigatória nos projetos de pesquisa que antecedem a confecção da monografia. Visto que o aluno precisa traçar — aliás, de forma

Capítulo 3 - Bé-a-bá da metodologia...		69

sucinta! — as etapas e os prazos que ele deverá respeitar para realizar de forma eficaz a sua própria atividade de estudo e de investigação do objeto que visa conhecer em sua própria labuta acadêmica. Certamente que o aluno não é obrigado a seguir à risca as etapas que ele estabeleceu para a realização de sua própria pesquisa. Todavia é aconselhável que ele cumpra, pelo menos, os prazos, pois os poucos meses que ele tem para a realização de sua investigação passarão de forma célere. Logo, se ele for imprudente e preguiço, poderá inviabilizar a realização desta atividade; e mesmo que consiga cumpri-la, contudo, poderá fazer de uma maneira que não seja condizente com os critérios estabelecidos pela metodologia científica e, portanto, por seus próprios professores.

Claro que há uma maneira dele acelerar a realização da pesquisa que se encontra sobre a sua própria responsabilidade. Uma delas é antecipar a realização do trabalho de campo[50], pois a coleta de informações que o pesquisador necessita ter para realizar a sua atividade acadêmica é uma fase cheia de percalços que muitas vezes tornam a vida de muitos estudantes um verdadeiro inferno. No entanto, para se antecipar esta etapa da pesquisa o estudante necessita ter a certeza plena que pretende analisar aquele tema; que o problema de pesquisa é viável; e que, sobretudo, os objetivos que foram estabelecidos para a sua monografia são condizentes com o tipo de estudo e com o horizonte teórico-metodológico que ele adotou para a confecção de sua própria pesquisa. Até porque uma simples incoerência em um destes itens será fatal para o andamento de toda a investigação no futuro.

Uma boa maneira que o aluno tem ao seu alcance para acelerar a confecção de sua própria monografia — agindo, portanto, de forma acertada na antecipação desta etapa — é levando um esboço do trabalho para o seu orientador, no qual ele destaca os principais pontos do projeto, principalmente aqueles que são vitais para a realização do trabalho de campo. Assim, ele pode colocar no rascunho da monografia o título do seu trabalho; o seu tema de pesquisa; o seu problema de investigação; o tipo de estudo; a abordagem de pesquisa; a hipótese básica de trabalho; a justificativa teórico-metodológica; os objetivos (tanto geral como também os específicos); o universo de pesquisa; a amostra e, sobretudo, o questionário ou o roteiro de entrevista, que ele pretende aplicar no trabalho de campo, destacando as suas relações com os objetivos da pesquisa, pois dificilmente ele não vai realizar de modo prático a sua atividade de investigação. Porque, decerto, todas as suas dificuldades serão debeladas rapidamente.

Quando o esboço for aprovado, só resta uma alternativa para o educando, que é, justamente, realizar o seu trabalho de coleta das informações que necessita ter para concretizar a sua investigação acadêmica com louvor. Em seguida, após a coleta, ele já pode, consequentemente, elaborar o texto "definitivo" da monografia, que ainda, porém, necessita ser "revisto" orientador, antes que seja feita a sua versão final, aliás. Portanto, se o aluno observar estas dicas e colocá-las em prática na realização de sua própria pesquisa, dificilmente ele não vai ter êxito na sua atividade de investigação científica. Visto que estes atos (que aparentemente são bem simples!) podem sobrepujar rapidamente qualquer dificuldade que possa ser um problema sério na realização de qualquer atividade de investigação acadêmica. Especialmente nos estudos de caso, que dependendo do tipo de amostra[51], até podem ser realizadas no período de uma semana com aplicação desta metodologia. Quanto aos trabalhos de natureza essencialmente bibliográfica, é até mais fácil cumprir os prazos e realizar com certa desenvoltura a pesquisa. Não obstante, também é aconselhável que aluno proceda deste jeito. Até porque só assim ele poderá efetivar mais rapidamente possíveis alterações que o orientador julgue necessárias na sua pesquisa.

De modo geral, consequentemente, *o aluno que aplica de forma eficaz o plano de trabalho, na realização de sua atividade investigativa, facilita a sua própria vida.* Visto que poderá solucionar com maior facilidade e precisão as possíveis dificuldades teórico-metodológicas que até podem inviabilizar a sua pesquisa. Sendo assim, *o plano de trabalho não é apenas mais uma parte* chata *da monografia, é, entretanto, um excelente mecanismo que pode acelerar a realização de qualquer pesquisa.* Desde que seja aplicada de forma metódica na realização de todas as etapas que são imprescindíveis para a confecção de qualquer atividade acadêmica.

Afinal, mesmo que o plano de trabalho, aparentemente, restrinja a nossa liberdade de livre iniciativa, e até determine o que deve e quando deve ser feito, ele ainda poderá ser direcionado de tal maneira que facilite a consumação de nossos próprios objetivos e metas. Desde que sejamos realmente inteligentes, perceptivos e criativos na emersão das melhores soluções para a realização eficaz daquilo que nos interessa.

Exercícios do Capítulo 3

Exercícios do capítulo 3

1-Quais são os elementos que formam o eixo básico de qualquer pesquisa acadêmica? Por quê?

2-Defina o que é tema, o que é problema e o que é hipótese.

3-De quantas maneiras distintas podemos elaborar uma pesquisa? Defina, além disto, cada um desses modos e indique qual deles é o melhor?

4-O que é abordagem de pesquisa? E de quantas maneiras distintas se pode praticá-la?

5-Quais são os elementos que formam o eixo secundário de qualquer pesquisa acadêmica? Defina-os.

6-O que são os objetivos, isto é, como devem ser encarados, e como eles devem ser definidos?

7-O que é a fundamentação teórica?

8-Quais são as ferramentas primárias e secundárias que o estudante tem ao seu próprio dispor para elaborar a sua própria atividade de pesquisa?

9-O que é o campo empírico, o universo e a amostra de pesquisa?

10-Por que um plano amostral não pode ser elaborado de qualquer maneira?

11-Qual a melhor maneira de se definir uma amostra de pesquisa?

12-De quantas maneiras distintas uma amostra de pesquisa pode ser elaborada e como se denominam cada uma delas em particular?

13-Diferencie um questionário de uma entrevista.

14-Por que o plano de trabalho não é apenas mais uma parte chata da monografia?

Capítulo 4

Passo a passo de um trabalho acadêmico: (Des)construindo e (Re)construindo um texto

Capítulo 4 - Passo a passo de um trabalho acadêmico... 77

4.1-O Texto

A maior dificuldade de muitos alunos de graduação é a elaboração do texto da monografia[52]. Não obstante, é nele que o aluno vai sintetizar as argumentações e os resultados obtidos nas fases de coleta e de análise das informações obtidas na pesquisa bibliográfica ou no trabalho de campo, desenvolvidos no decorrer de toda a pesquisa acadêmica.

Todavia, de maneira geral, *o texto* de uma pesquisa não é apenas um meio que o estudante tem ao seu próprio alcance para realizar com maior facilidade, rapidez e precisão as suas inúmeras atividades acadêmicas. Contudo, também *é um instrumento de comunicação e de perpetuação do saber científico na nossa sociedade. O que valoriza, ainda mais, a sua importância inata para a "eterna" reestruturação da ciência*, notadamente através da emersão de novas abordagens, de novas teorias e de novos paradigmas, que constantemente são divulgados em diversos trabalhos das mais variadas áreas do saber.

Portanto, *a construção do texto é uma etapa de fundamental importância para qualquer atividade investigativa que a ciência desenvolve em todos os campos do saber*, pois é por meio da divulgação proporcionada por meio deste poderoso instrumento[53] que ela se destaca como um novo modelo explicativo para os diversos tipos de fenômenos que, especialmente no decorrer de nossas próprias existências, constantemente vivenciamos no dia a dia. Desta forma, o texto é uma parte vital para a consolidação dos ideais e dos valores defendidos pela ciência, diante dos outros modelos explicativos construídos pelo raciocínio humano. Até porque esta é uma excelente maneira dela se sobrepor sobre os outros modelos explicativos, destacando-se como uma forma mais coerente de explicar o que somos, de onde viemos e para onde vamos, principalmente diante da religião e dos seus dogmas, que a ciência tanto procura superar.

Agora, *como fazer o texto*? Como a ciência procura se "lançar" como uma nova forma de elucidar diversas coisas que outros discursos explicativos já vislumbraram, logo nota-se que é algo que não pode ser feito de qualquer maneira, e, decerto, com um visível descuido. Visto que o seu pronunciamento é bem diferenciado do fantástico e dos artísticos dizeres do mito; das intermináveis argumentações dedutivas das diversas maneiras de agir da filosofia; e do mirabolante e sobrenatural falar da religião; porque o seu comunicado baseia-se, sobretudo, no empirismo e no uso constante e inflexível da razão e das habilidades de síntese e de análise, que permeiam a construção gradual de qualquer investigação científica. Consequentemente, *o texto de qualquer pesquisa acadêmica sempre deve ser claro, objetivo, conciso e ordenado, pois*, mesmo que o autor tenha o dom literário, *a sua principal função* não é *ser* uma obra de arte[54]. No entanto ser, acima de qualquer outra coisa, *um eficiente mecanismo de esclarecimento e de superação das diversas formas de ignorância que dificultam a satisfação de todas as nossas necessidades e expectativas.*

> **Como fazer o texto?**
>
> ...o texto de qualquer pesquisa acadêmica sempre deve ser claro, objetivo, conciso e ordenado, pois a sua principal função é ser um eficiente mecanismo de esclarecimento e de superação das diversas formas de ignorância que dificultam a satisfação de todas as nossas necessidades e expectativas.

A monografia, basicamente, é uma estrutura textual composta por páginas, que, por sua vez são preenchidas por parágrafos, períodos, orações e frases, que sintetizam e evidenciam as ideias, as teorias e os paradigmas ou dogmas que autor tem em relação a determinado tema que estuda em sua própria obra. Um texto bem escrito, portanto, é aquele que sempre articula de forma eficaz estas diversas partes do discurso, facilitando, aliás, a sua compreensão e sua perpetuação por outras pessoas no mundo em que vivemos. Porém, no campo do saber feito pela ciência, o texto tem outras particularidades, que são justamente os itens que já mencionamos anteriormente, que sempre devem permear a confecção de qualquer observação acadêmica. Sabemos que esta não é uma atividade tão fácil quanto aparentemente pode se pensar, isto é, a

Capítulo 4 - Passo a passo de um trabalho acadêmico... 79

composição de um texto, porque todo aluno depara-se diariamente com as suas próprias dificuldades de aprendizado. Que, aliás, muitas vezes limitam consideravelmente a sua competência inata de desenvolver com facilidade e precisão a sua pesquisa acadêmica de acordo com certos princípios que fundamentam um texto bem escrito. Mesmo assim, o sistema, falho ou não, sempre espera do educando a realização de suas próprias tarefas estudantis, pois se ele não cumpri-las integralmente, cabe aos professores reprová-los. Até porque eles não são capazes de corresponderem a certos pré-requisitos, que são imprescindíveis tanto para a aprovação como também para a obtenção de boas notas.

Percebe-se, consequentemente, que a obrigação do aluno é só uma, que é justamente estudar, e, portanto, aprender e apreender determinadas coisas que ele necessita dominar com desenvoltura para realizar com maestria as inúmeras atividades que se encontram sobre a sua própria responsabilidade. Notadamente nas atividades estudantis que ele necessita cumprir, para ser aprovado nos cursos que se matricula. Logo, se ele for acomodado e preguiçoso, dificilmente será aprovado por meios lícitos, pois a sua evidente passividade diante de suas diversas dificuldades acadêmicas, muitas vezes "vão conduzi-lo" para a procura de outras formas de aprovação que não são permitidas pelo sistema educacional[55] — que, aliás, sempre se encontram a disposição dos alunos "mais espertos". Assim sendo, sem subterfúgios, afirmamos que o educando — antes de qualquer outra coisa — precisa, em primeiro lugar, dominar com desenvoltura a sua própria língua, de maneira especial na sua modalidade culta; e, em seguida, aplicar com eficácia e precisão as ferramentas teórico-metodológicas construídas pelo saber científico, visto que qualquer texto acadêmico sempre necessita da presença destes dois fatores para aprovar qualquer aluno. Logo, por este ensejo, principalmente, o educando carece do estudo para ser plenamente eficaz em todas as suas atividades. Porque, sobretudo, se os seus trabalhos forem corrigidos com um mínimo de rigor[56], estes fatores certamente serão cobrados por qualquer educador que vise à consolidação do saber institucionalizado pelos paradigmas da ciência moderna.

Dominar a gramática, consequentemente, também é, nos dias de hoje, uma etapa imprescindível para a realização de qualquer atividade acadêmica. Especialmente porque a ciência, evidentemente, necessita de sua perpetuação e de sua constante renovação teórico-metodológica, que até pode ser patrocinada por um texto bem escrito. Porque, sobretudo, esta é a única maneira dela ser, quem sabe, uma alternativa mais eficaz do que os outros discursos explicativos para a superação de todas as nossas necessidades e expectativas, sejam elas as tangíveis ou as intangíveis. Logo, o aluno precisa compreender que *um texto para ser um bom texto acadêmico não necessita ser uma reunião imensa de palavras, frases, parágrafos e páginas, até porque a qualidade do trabalho acadêmico não se mensura pela extensão de suas argumentações, entretanto pela sua clareza, objetividade, concisão e ordenação discursiva em relação ao cumprimento irrestrito de determinadas metas.* Que, aliás, sempre são evidenciadas nos objetivos que permeiam a realização de qualquer atividade investigativa no campo da ciência.

Às vezes, muitos alunos falam: "O português é muito difícil e não tenho condições de dominá-lo plenamente. Mas, quem fala isto não sabe uma coisa em relação a todos os idiomas, que é justamente o caráter interdependente de todas as normas gramaticais[57], pois todas as regras contidas em qualquer gramática são intimamente relacionadas umas com outras. Logo, se não compreendemos bem a morfologia, dificilmente vamos aprender a sintaxe de concordância, por exemplo. Mas, se já entendemos bem como os linguistas elaboraram os preceitos que sintetizam a aplicação da língua culta, seguramente vamos utilizar o português elegantemente em nossas próprias produções intelectuais na imensa maioria das ocasiões.

Portanto, mais uma vez destacamos que o aluno sempre precisa estudar, pois se acomodar e não tiver bons professores, a sua vida acadêmica não vai ser uma coisa muito fácil. Visto que o "acúmulo" de suas inúmeras deficiências de aprendizado inviabiliza a apreensão de determinados conhecimentos e habilidades que são necessárias para a sua aprovação em qualquer recinto escolar. Consequentemente, *o estudante deve procurar superar as suas próprias deficiências pelo estudo, pela leitura e pela reflexão* de diversas coisas que ele necessita ter ao seu próprio alcance — inclusive para vivenciar com maior facilidade o sucesso que almeja ter na sua própria vida acadêmica.

4.1.1-A Introdução

Na introdução, que é a primeira parte do texto propriamente dito, o aluno deve enfatizar de forma breve e concisa o tema de sua pesquisa; o seu problema de investigação; a sua hipótese ou as prováveis hipóteses que ele deduz para aquele problema; a abordagem de pesquisa; o tipo de estudo; apresentar a sua justificativa, principalmente, em primeiro nível, a teórica e em segundo plano a sua provável motivação pessoal, que despertou o interesse por aquele tema em particular; e destacar quais são os seus objetivos (tanto geral como também os específicos) que ele pretende alcançar com a realização daquela observação.

Caso seja um estudo de caso descritivo ou exploratório, ele também necessita apontar, sucintamente, o campo empírico; o universo de pesquisa, a amostra, o questionário ou o roteiro de entrevista; e o método que ele utilizou para tabular os dados que foram obtidos no trabalho de campo. A seguir ele deverá discorrer rapidamente sobre cada capítulo da monografia, destacando as suas principais metas e características, enfatizando, sobretudo, a teoria e os paradigmas que circunscrevem o tema que estuda, destacando as suas prováveis definições e o seu histórico. Além disso, o aluno também deverá mencionar que vai colocar no último capítulo, ou em uma parte específica de sua própria monografia, os resultados que obteve no trabalho e campo, seguindo fielmente como roteiro os objetivos que foram delineados para a análise e, principalmente, para a compreensão do seu objeto de pesquisa, destacando as suas relações diretas e indiretas com a teoria que sustenta o tema de sua própria pesquisa científica.

Na parte final da introdução, ele vai destacar os resultados que alcançou com a sua busca e afirmar, caso seja necessário, se a sua hipótese ou hipóteses procedem ou se foram refutadas, destacando, pormenorizadamente, os motivos que justificam esta evidência que ele constatou na análise e na compreensão de sua pesquisa; e qual será a sua postura diante destes resultados, destacando se iniciará uma nova pesquisa ou se deu por finalizado a sua atividade de investigação. Não obstante, caso seja necessário, ele também citará na introdução que vai colocar como apêndice os documentos que utilizou na sua investigação; e como anexo uma cópia dos instrumentos que fez uso na coleta das informações que necessitava ter para cumprir integralmente a sua atividade de pesquisa.

82   Descomplicando o Complicado

O aluno, todavia, não precisa ter pressa para fazer a introdução do seu trabalho. Até porque ela solicita uma visão panorâmica de toda a pesquisa — o que, muitas vezes, não ocorre com tanta facilidade em diversas pesquisas acadêmicas. Contudo, é muito comum aos alunos mais experimentados na prática do exercício acadêmico confeccioná-la previamente. Sobretudo quando já conhecem com certa desenvoltura o tema central da pesquisa, pois visam com esta atividade utilizá-lo como um tipo de roteiro da investigação a ser feita.

No entanto, *o ideal é que a introdução seja a última coisa que aluno vai fazer no texto de sua monografia*, pois ele não vai precisar corrigi-la, como, aliás, poderá ocorrer com maior incidência nos trabalhos acadêmicos que foram encetados por esta parte.

4.1.2-O Desenvolvimento

No desenvolvimento, o aluno iniciará a apresentação dos capítulos através da exposição das definições, do histórico e das novas abordagens que envolvem o seu tema de pesquisa, enfatizando os seus paradigmas, as suas principais características e particularidades. Se for necessário, ele poderá confeccionar um capítulo para cada um desses itens. O ideal, porém, é que ele deixe em apenas um capítulo, que, apesar disso, pode ser subdividido em tópicos e subtópicos.

Entretanto, se o seu tema é a Qualidade, por exemplo, e ele queira falar sobre a Gestão da Qualidade, sobre as suas ferramentas gestoras e sobre a Qualidade no Setor de Serviços, ele deverá organizar os capítulos de uma maneira que facilite a leitura de sua monografia e que, além disso, também seja condizente com os objetivos de sua própria pesquisa. Assim, no primeiro capítulo, ele apresenta a definição e o histórico da Qualidade; no segundo, a Gestão da Qualidade, as suas definições, o seu histórico, as suas principais características e os vários modelos gestores que, nos dias de hoje, se encontram a franca disposição para o seu exercício pleno em qualquer empresa; no terceiro, ele poderá estudar as Ferramentas Gestoras da Qualidade; e no quarto, finalmente, a Qualidade no setor de serviços.

Se por acaso o seu trabalho tenha sido um estudo de caso descritivo ou exploratório, ele também deverá organizar um capítulo com os resultados que ele obteve no trabalho de campo, seguindo como percurso

Capítulo 4 - Passo a passo de um trabalho acadêmico... 83

básico os objetivos e o questionário ou roteiro de entrevista. Todavia, no início deste capítulo, ele deverá descrever a estrutura do questionário e ou do roteiro de entrevista, destacando as suas relações diretas e indiretas com os objetivos de sua observação, subdividindo-o, consequentemente, de tal maneira que enfatize a realização das metas que ele visa alcançar na sua própria pesquisa. Portanto, na apresentação de cada questão do questionário ou do roteiro de entrevista, ele deverá colocar um gráfico, ou uma tabela e, caso seja preciso, os dois, simultaneamente. E, além disto, o aluno também necessita advertir as prováveis relações dos resultados alcançados no trabalho de campo com a teoria que envolve o seu tema de pesquisa, pois este simples procedimento é de fundamental importância para a adequada validação de suas próprias conclusões. Até porque o que vale para o sistema não é a opinião abalizada do aluno, mas a sua capacidade inata de relacionar as suas próprias conclusões com aquilo que é defendido pelos especialistas.

Para facilitar a sua provável leitura por outras pessoas, o ideal, além disso, é que o instrumento gráfico seja precedido pela sua própria explicação. Contudo, o aluno deve sempre deixar o mais próximo possível as explicações das ilustrações gráficas que a antecederam, preferencialmente na mesma página, visto que este recurso, além de deixar o texto mais bem organizado, facilitará o trabalho de correção do professor — o que poderá ser algo decisivo, inclusive, para se tirar uma boa nota.

Agora, o que ele jamais deverá fazer, é colocar estes instrumentos de leitura e de compreensão do seu fenômeno de pesquisa em uma parte distinta do texto — e, alguns casos, até bem distante dos seus próprios comentários, pois, mesmo que as normas da ABNT permitam, é algo que sempre desagrada à imensa maioria dos professores.

Até porque é uma atitude que não viabiliza e, principalmente, não facilita a atividade de correção — que, na prática, é a única coisa que realmente interessa para quem nos avalia, mesmo que não seja algo tão explícito ou até mesmo declarado de forma aberta e franca.

84 Descomplicando o Complicado

4.1.3-A Conclusão

Na conclusão, por sua vez, que é último capítulo da monografia, ele deverá elaborar uma breve sinopse de toda a sua labuta investigativa[58], apresentando, novamente, o seu tema, o seu problema, a sua hipótese, a sua abordagem de pesquisa, o tipo de estudo, os seus objetivos e a sua justificativa básica de trabalho. Além disto, ele ainda deverá enfatizar os resultados que foram alcançados no decorrer daquela investigação, enfatizando se os objetivos foram cumpridos e se a hipótese (ou as hipóteses) foi comprovada ou refutada. E, para concluir, ele também deverá realçar qual será a sua própria postura diante desta situação, ou seja, se ele se dá por satisfeito pela comprovação ou pela refutação de suas próprias argumentações ou se iniciará uma nova pesquisa que resolva, definitivamente, o seu problema de pesquisa — como já nos referimos anteriormente.

Portanto, é uma espécie de resumo da monografia, onde o aluno sintetiza em poucas páginas, além dos resultados que foram obtidos naquela pesquisa, os instrumentos teórico-metodológicos que foram utilizados naquela atividade investigativa.

4.2-A Apresentação

Muitos cursos visando um melhor aprendizado dos seus alunos têm como continuação lógica das monografias de conclusão de curso a mostra deste trabalho de pesquisa em uma exposição oral, na qual o educando vai sintetizar, em poucos minutos, as análises, as compreensões e os resultados que ele alcançou com a sua atividade de investigação.

Na cabeça do aluno que se encontra em fase de conclusão de curso, esta etapa é tão receosa quanto à primeira; e, em certo sentido, ela é até mais temerosa que a análise e a construção gradual do texto de sua própria monografia. Até porque é nesta hora que meses de trabalho e de estudo são colocados à prova, na qual o aluno, consequentemente, visualiza de maneira retrospectiva toda a sua jornada acadêmica, avaliando (em muitos casos em questão de poucos minutos e até de alguns segundos!) todo o conhecimento que ele adquiriu naquele curso. Que, aliás, teve (ou terá) como cume aquela última atividade de avaliação e de aprendizado, que, talvez, ele faria (ou faça) qualquer coisa para se

Capítulo 4 - Passo a passo de um trabalho acadêmico...

livrar dela, independentemente do ônus a ser pago no futuro. No entanto, mesmo sendo uma etapa bem difícil, é um estágio de fundamental importância para a formação acadêmica de qualquer educando, pois um dos objetivos básicos de qualquer curso universitário é a produção do conhecimento científico e sua respectiva divulgação. Consequentemente, a ciência, acima de qualquer outra coisa, ainda é um discurso interpretativo que visa — além da satisfação de nossas inúmeras necessidades e expectativas — a obtenção de respostas satisfatórias para as eternas dúvidas do ser humano quanto a sua origem, o seu destino e sua própria natureza.

Logo, como qualquer outro discurso interpretativo, ele, isto é, o saber acadêmico (e científico) também quer se "pôr" como a melhor explicação para as nossas intermináveis dúvidas e mazelas. O que, de certo modo, até justifica a necessidade de sua apresentação oral, pois a sua mostra por este mecanismo é uma excelente maneira da ciência se propagar como uma alternativa mais eficaz a tudo aquilo que incomoda ao homem, por exemplo. Notadamente para a superação definitiva da ignorância e de todas as prováveis dificuldades que permeiam a existência humana nos aspectos tangíveis e intangíveis. Talvez a excessiva especialização que circunscreve todas as áreas do saber seja uma das causas deste temor. Porém, a sua origem também se interliga com a timidez e — de maneira especial — com as nossas próprias deficiências, originadas pela insipiência de nossa própria formação acadêmica[59]. Até porque, nestas ocasiões, sobretudo, expomos as nossas próprias mazelas e limitações e, caso sejamos pessoas melindrosas e com baixa autoestima, esta será a pior coisa que deveremos realizar no decorrer daquele curso. O bom aluno, portanto, sempre precisa ser um bom comunicador, pois se ele difundir com clareza, objetividade e concisão as suas próprias considerações, reveladas no seu trabalho de investigação, ele, decerto, concluirá com êxito a sua atividade acadêmica — muitas vezes com uma nota excelente, inclusive.

Atualmente há diversos cursos de oratória que visam facilitar a vida de muitas pessoas que morrem de medo de uma apresentação oral. Muitos desses cursos são bem eficazes, aliás. Entretanto, no geral, a maior deficiência — que é, justamente, o medo de se expor! — poucos deles resolvem, visto que esta carência só será superada pela "conquista" de uma autoimagem e, consequentemente, de uma autoestima mais con-

86 Descomplicando o Complicado

dizente com as nossas próprias necessidades e expectativas. Logo, não será pelo estudo e pela frequência de determinados cursos que aluno vai superar o medo da apresentação dos trabalhos orais[60], todavia pela aquisição de uma nova postura mental que possibilite a superação de todas as suas dificuldades estudantis. Até mesmo através da aquisição de novas habilidades e de novos conhecimentos que viabilizem a satisfação mais prática e eficaz de todas as suas necessidades e expectativas mais urgentes.

Contudo, a apresentação do trabalho oral não é um monstro de sete cabeças, pois — como qualquer outra atividade acadêmica — há técnicas que viabilizam a sua realização eficaz, como veremos a seguir. No entanto, *o aluno necessita*, acima de qualquer outra coisa, *confiar*, primeiramente, *na sua própria capacidade* individual. *Até porque se ele mantiver a clareza, a objetividade, a concisão e a fidelidade pelo roteiro "prévio", que já foi montado nos objetivos do trabalho, certamente a sua apresentação não será uma atividade tão complicada*, como aparentemente se supõe.

4.2.1-Aquilo que não deve ser esquecido: o Projeto

Quando vamos montar a apresentação do trabalho monográfico, notamos que a sua essência é formada pela primeira parte do trabalho que desenvolvemos naquela pesquisa. Porque, principalmente, ela se concentra quase que se na sua totalidade no projeto da monografia[61].

Assim, na primeira transparência[62], por exemplo, apresentamos o tema; na segunda, o problema; na terceira, a hipótese de trabalho; na quarta, o tipo de estudo e a abordagem de pesquisa; na quinta, o objetivo geral e os objetivos específicos; na sexta, a justificativa teórico-metodológica; na sétima, o campo empírico, destacando-se o seu histórico e suas principais características; na oitava, o universo e a amostra de pesquisa; na nona, o questionário ou o roteiro de pesquisa; na décima, a definição principal do tema que estudamos naquela pesquisa; da décima primeira em diante, os gráficos e as tabelas que destacam os resultados que obtemos no trabalho de campo; e finalizamos a apresentação com as nossas próprias considerações finais[63].

Se por acaso o nosso trabalho de conclusão de curso seja uma atividade bibliográfica, a montagem da apresentação modifica-se um pouco,

Capítulo 4 - Passo a passo de um trabalho acadêmico... 87

mas, na essência, é até mais fácil que os estudos de caso, visto que se concentra, ou pode se centralizar, em um número menor de transparências. Assim, na primeira transparência, evidenciamos o tema de pesquisa; na segunda, o problema; na terceira, a hipótese; na quarta, abordagem de pesquisa e o tipo de estudo; na quinta, o objetivo geral e os objetivos específicos; na sexta, a justificativa teórico-metodológica; na sétima, a principal definição do tema que estudamos; da oitava transparência em diante, apresentaremos as suas principais características, o seu histórico, as suas atuais tendências; e, mais uma vez, finalizamos a apresentação com as nossas próprias considerações finais.

Se aluno se mantiver fiel a esta estrutura básica de apresentação, decerto a sua explanação fluirá com facilidade e desembaraço. Agora, o que ele também deve fazer é colocar no texto só aquilo que vai apresentar, até porque esta é uma maneira muito eficaz de se evitar perguntas indesejáveis das pessoas que assistem a apresentação de sua última atividade acadêmica. Portanto, se ele dominar com desenvoltura todas as definições que estão contidas nestas transparências, seguramente a sua nota será muito boa, pois ele foi prático, objetivo, metódico e conciso.

A última coisa que aconselhamos é que o aluno faça um ensaio prévio de sua apresentação e que — nestas ocasiões, aliás — também peça às pessoas presentes que só façam perguntas pertinentes ao seu trabalho. *Porque, sobretudo, esta oportunidade poderá ser utilizada para o aprimoramento da sua futura apresentação final* e, ainda, para uma visão geral do quanto ainda se tem a melhorar até a última explanação de tudo aquilo que foi produzido em sua própria pesquisa ou monografia.

4.2.2-As definições teóricas do tema escolhido

Na apresentação, é aconselhável que o educando explane, pelo menos, a principal definição do seu tema de pesquisa; e se por acaso o seu trabalho seja um exame bibliográfico, ele pode também destacar outras definições, o histórico e as principais características do seu objeto de estudo. Porém, mesmo que ele não apresente todas estas transparências, é aconselhável que ele tenha pleno domínio de todos os assuntos relacionados com a sua pesquisa. Especialmente se ele destacou em alguma parte do seu próprio texto algumas destas particularidades.

Mais uma vez, consequentemente, enfatiza-se que o aluno sempre precisa estudar, pois se for fazer a sua apresentação de forma improvisada, certamente poderá ter dificuldades consideráveis na explanação dos resultados obtidos em sua atividade de investigação e de pesquisa.

4.2.3-As considerações finais

Nesta parte, o aluno deve enfatizar no seu discurso os resultados que obteve na atividade de pesquisa, destacando, principalmente, se a hipótese de trabalho foi comprovada ou refutada na análise e na compreensão do seu objeto de pesquisa.

Para finalizar, ele deve agradecer a orientação do professor que serviu como mestre naquela atividade de pesquisa; e pela atenção de todas as pessoas presentes a sua explanação, enfatizando, neste momento, que a pesquisa cumprida foi, aliás, de fundamental importância para a sua adequada formação acadêmica. Além do mais, também é aconselhável que o aluno indique qual será a sua nova postura diante dos resultados obtidos — isto é, se ele se dará por satisfeito, ou se vai desenvolver uma nova investigação com intuito de debelar, definitivamente, o seu próprio problema de pesquisa.

Exercícios do Capítulo 4

Exercícios do capítulo 4   91

1-Como deve ser feito o texto de uma monografia? Por quê?

2-Quais são os valores que determinam a qualidade final de um texto acadêmico? Por quê?

3-Em quantas partes distintas o texto de uma monografia é formada e como elas são denominadas?

4-Por que o ideal é que a introdução seja a última coisa que aluno vai fazer no texto de sua monografia?

5-O que o aluno vai fazer no decorrer do desenvolvimento?

6-O que o aluno deverá fazer na conclusão?

7-O que o aluno precisa manter no decorrer da apresentação oral de sua própria monografia?

8-Quanto à apresentação, qual o nosso último conselho para o aluno? Por quê?

DESPEDIDA

A construção do saber acadêmico é, seguramente, uma labuta considerável em esforços e em dificuldades, inclusive das mais diversas naturezas ou procedências, que poderão — de um modo ou de outro! — até nos atrapalhar. Entretanto, apesar de suas incontáveis atribulações particulares, ao aluno cabe simplesmente realizar a sua própria atividade de pesquisa ou monográfica, pois, em qualquer recinto de educação, se ele não entregar no prazo e com a qualidade mínima desejada, dificilmente ele não será imediatamente reprovado.

O que explanamos neste trabalho foram dicas úteis e até mesmo inconscientemente conhecidas por qualquer aluno nos dias de hoje. Todavia, são coisas que não são faladas para qualquer pessoa e, sobretudo, propagadas para todos os interessados, visto que o sistema educacional (ininterruptamente) camufla habilmente as suas próprias mazelas, como se existisse, por exemplo, um sistema dentro do sistema que tudo ver e controla. Mesmo assim, não há possibilidade de se encobrir eternamente esta séria dificuldade que diariamente o educando de qualquer ambiente de ensino vivencia. Até porque é preciso se ter boas soluções que sejam aptas a construção de novas alternativas aos problemas intermináveis de quem estuda. Portanto, mesmo que seja algo polêmico, ainda é uma coisa que precisa ser feita, notadamente porque só assim o estudante poderá realizar com maior desembaraço e desenvoltura as suas próprias atividades acadêmicas — de maneira especial através das dicas que aqui são literalmente escancaradas.

De qualquer forma, destacamos — mais uma vez — que este não é (e nunca pretendeu ser!) um trabalho para professores. Não obstante, ele é um texto e até um manual para o aluno que visa passar de ano e, principalmente, realizar com elegância e facilidade as suas próprias atividades acadêmicas, inclusive a tão temida monografia de conclusão de curso. Visto que ele — mesmo sendo didático e rico em boas explicações — se utiliza constantemente da sátira e da astúcia, especialmente para exemplificar as melhores soluções que quase nunca são apresentadas pelos professores que, contudo, são aprovadas e até defendidas pelos verdadeiros mestres. Por este motivo, portanto, ele é, e pode ser visto, como um manual prático para quem visa sobreviver intacto na realização de suas próprias atividades acadêmicas. Porque, sobretudo, ele ensina de um modo que qualquer dificuldade, ou até mesmo um conjunto considerável delas, se dissipa de tal modo que o temido monstro monografia se transforma em um gatinho manso e indefeso.

Tranquilamente que aquilo que ele compartilha com outros manuais também é estruturado na polêmica. No entanto, de um modo que a inteligência, principalmente através da criatividade e do bom senso, facilita a realização daquilo que nos interessa. Que, aliás, no caso de um aluno de graduação, especialmente na elaboração de sua própria monografia, é passar com louvor na sua última atividade acadêmica. Logo, ele até fala aquilo que todo mundo fala, porém de um modo que facilita a compreensão de quem realmente precisa aprender, ou seja, o aluno que necessita, muitas vezes a qualquer custo, se enquadrar rapidamente às metodologias que a ciência defende e aprova. Consequentemente, aqui são sintetizadas muitas definições e um amplo conjunto de conceitos teórico-metodológicos que poderão direcioná-lo para uma execução relativamente fácil de suas próprias atividades de pesquisa. Principalmente o aluno inteligente e não aquele que só decora.

Enfim, a última dica que aqui fica é que o aluno não repita, em nenhuma circunstância, o comportamento de uma pessoa egoísta e mesquinha, mas que sempre seja nas suas próprias atividades particulares — inclusive laboratais e acadêmicas — o mestre sábio que compartilha espontaneamente o saber, pois quem ensina na verdade aprende muito mais. Até porque os professores que não indicam o melhor caminho a ser seguido, e que até não ensinam nada para ninguém (que, geralmente, são àqueles que só sabem cobrar coisas infundadas, sem sentido e até sem razão alguma!), não procedem desta maneira porque, na verdade, são pessoas egoístas, vaidosas, orgulhosas, avarentas, covardes e até invejosas.

Logo, ensinar bem é uma questão de caráter; e, no entanto, só ensina bem quem compreende todas as sutilezas da natureza humana, aliás, uma bem simples: "Avaliar poderá ser até fácil; o difícil é ser avaliado".

Resumos

Resumo do capítulo 1

Uma das maiores dificuldades do estudante universitário é confeccionar o trabalho acadêmico, ou seja, a tão temida monografia. Esta dificuldade, certamente, tem inúmeras origens e entre elas poderemos incluir a péssima qualidade do ensino. Agora, será que é só isso? Evidentemente que não, pois nem sempre a culpa é do "sistema", dos professores, da escola e da sociedade, contudo é do próprio estudante que não procura desenvolver certas habilidades que são imprescindíveis para o seu sucesso acadêmico. Como na nossa sociedade o saber acadêmico sempre é encarado como um verdadeiro monstro, a ciência, consequentemente, é vista como algo que pouco servirá para o nosso dia a dia. No entanto, estudar, aprender e ter boas notas passou a ser uma questão vital para qualquer indivíduo que vise uma vida mais plena e feliz, sobretudo uma na qual seja possível viver com pleno potencial em direção da realização de suas mais importantes metas e objetivos. Uma boa nota, geralmente, quase sempre se relaciona com a capacidade inata do aluno em se adequar as exigências estabelecidas pelos professores, logo o passo inicial para se responder algo correto é procurar compreender e adaptar-se, em seguida, aos padrões estabelecidos pelos professores como imprescindíveis para uma boa nota. Até porque na escola não é preciso aprender a pensar de maneira diferente, porém saber repetir as "fórmulas" dadas como certas. Entretanto, porque isto ocorre? Acontece por dois motivos. O primeiro deles é porque toda forma de saber tem os seus próprios paradigmas; e a segunda causa é porque pensar de forma diferente é algo que exige muita dedicação e persistência, assim se já sabemos fazer algo de um modo que é dado como certo facilmente nós nos acomodamos e raramente iremos procurar outras respostas, inclusive os nossos próprios professores também procedem desta maneira tão singular. Assim, para sempre se tirar notas boas, em nossas diversas atividades acadêmicas, só basta a repetição mecânica daquilo que os professores apontam como o correto a ser feito, pois o aluno que realmente é inteligente nem sempre é valorizado na escola, principalmente porque, muitas vezes, ele não se enquadra perfeitamente na forma que o saber institucionalizado considera como o correto. O que a escola e muitas universidades valorizam em um estudante, portanto, é a sua competência congênita de repetir um discurso dado como válido. Afinal, o que a maioria dos professores aprecia é competência do educando de saber agir "instintivamente" de acordo com um modelo dado como adequado, logo nem sempre o aluno inteligente se destaca, todavia certamente aquele que repete e decora, vai ter boas notas. Portanto, se você quer quase sempre tirar uma boa nota nas suas próprias atividades acadêmicas, repita sem o menor pudor e de forma desavergonhada a resposta que o professor considera como correta. Consequentemente, o aluno nunca deve fazer um trabalho da forma que ele quer fazer, mas ele deve confeccioná-lo de acordo com os critérios dados como certos pelos mestres. Todo estudante precisa ter em mente estas afirmações.

***

Resumo do capítulo 2

Uma das principais características da natureza humana é tentar responder, de uma forma ou de outra, o que somos, de onde viemos e para onde vamos — inclusive a busca por soluções para três perguntas básicas também interessa ao saber acadêmico. A ciência, neste ínterim, evidencia-se como uma atividade que foi ordenada como um verdadeiro fenômeno histórico-cultural, consequentemente ela é uma realidade explicativa em construção e, de certo modo, em reconstrução permanente até porque, uma das suas principais características é a sua constante reestruturação epistemológica. Contudo, a ciência também se destaca como uma maneira bem prática que o homem tem para satisfazer mais rapidamente as suas próprias necessidades e expectativas, portanto ela não é apenas um modelo explicativo, mas um método de trabalho que o homem tem ao seu próprio dispor. A ciência, do mesmo modo que os outros modelos explicativos que a antecederam, tem as suas próprias estruturas paradigmáticas. E, em certo sentido, até mesmo os seus próprios dogmas, logo ela é apenas uma ferramenta metodológica que o homem elaborou para explicar e para facilitar a sua própria vida. Como a ciência e todas as suas teorias e dogmas são, na verdade, ferramentas, pois são mecanismos teórico-metodológicos que facilitam a apresentação de possíveis respostas para as três perguntas fundamentais que apresentamos anteriormente, logo devemos ter a exata noção de todas as suas características e particularidades

— para se utilizar com pleno potencial do método científico na realização daquilo que nos interessa, sobretudo. A principal característica da ciência moderna é o uso da razão, visto que o método científico é um mecanismo que se embasa na observação e na possibilidade de se efetuar um teste nas suas próprias conclusões. A ciência tem esta postura porque ela visa ser mais eficaz que a religião para a análise e para o entendimento de todas as coisas que vivenciamos, sobretudo porque o empirismo também é uma característica fundamental da metodologia adotada pela ciência moderna. Certamente que este método já provou ser muito eficaz, no entanto ele também tem as suas próprias mazelas. A maior fraqueza da ciência também é, mesmo assim, a fonte de sua maior virtude, desta maneira também se percebe que o método científico é um mecanismo rico em contradições, pois a ciência é uma realidade conceitual fortemente influenciada pelas características de quem o origina, porque, principalmente, ela é tão humana quanto qualquer outra atividade desenvolvida pelo homem. De maneira geral, há dois modos distintos de se fazer a ciência. Há o método tradicional ou o clássico, que vive da análise e da divisão; e o atual que opera através das sínteses. Assim, enquanto um método divide e caminha em direção de partes cada vez menores, o outro soma e visa identificar o todo em sua plenitude. Agora, qual o melhor método para o estudante que pretende realizar com sucesso o seu próprio trabalho acadêmico? Depende, pois, tanto uma abordagem quanto a outra pode ser plenamente eficaz. Porém, em alguns casos um trabalho se ajusta melhor a uma abordagem de que na outra. Aliás, ainda assim o ideal é compreender qual a melhor maneira que o educador identifica para resolver aquele problema, pois se você não for um doutor não queira ser mais do que o professor. Até porque muitos deles preferem que aluno continue no seu patamar de eterno aprendiz e ele de eterno mestre que tudo sabe e compreende. O que, entretanto, aluno jamais deverá fazer é ser limitado a uma única maneira de conceber, analisar e compreender as suas próprias atividades, logo o ideal é que o estudante tenha o domínio pleno de ambas as formas de se fazer a ciência. A base para a sua efetiva consolidação, ou seja, para a prática eficaz da ciência, é identificar, em primeiro lugar, qual é o objeto a ser pesquisado; e, em seguida, a definição e a caracterização de suas principais características — sobretudo àquelas que são condizentes com as idiossincra-

98 Descomplicando o Complicado

sias de quem realiza a atividade de pesquisa. Assim, o que a atividade acadêmica- na sua essência mais íntima, aliás- realmente objetiva é a descoberta e a compreensão de mecanismos que estão intimamente relacionados com o estudo de todos os tipos de fenômenos que interessam ao homem de ciência. Agora, o que é um mecanismo? É apenas uma possível resposta para o problema de pesquisa, que possibilita, além de sua provável solução, a valiosa oportunidade de teste. A descoberta e, consequentemente, a compreensão de mecanismos explicativos é algo que jamais poderá ser dissociado de qualquer atividade de pesquisa que interesse a ciência. Até porque, certamente, este é o seu principal diferencial epistemológico em relação aos outros tipos de discursos interpretativos. A finalidade básica do mecanismo no campo do trabalho acadêmico é descrever como determinado tipo de fenômeno acontece evidenciando as suas principais características e particularidades. A pesquisa acadêmica, portanto, sempre é feita através da busca dos presumíveis mecanismos epistemológicos que definem a manutenção de qualquer tipo de acontecimento. Afinal, a procura de mecanismos é um fato que não depende da abordagem que o pesquisador adota para a realização de suas próprias atividades de investigação.

***

Resumo do capítulo 3

Há dois eixos epistemológicos que determinam a realização de qualquer pesquisa: o primário e o secundário. Como sempre é através da ação sinérgica e interdependente destes três elementos que o pesquisador inicia a sua própria labuta de pesquisa, logo o eixo básico de qualquer atividade acadêmica é formado pela tríade conceitual tema, problema e hipótese. O tema pode ser definido como aquilo que vai ser focalizado com maior amplitude em nossas próprias argumentações, destacando-se as suas principais características e feitios, aliás. O problema é uma pergunta que formulamos sobre aquele tema em particular. A hipótese é uma possível resposta para o problema que vislumbramos em nossa própria pesquisa. Há três jeitos distintos de se fazer uma pesquisa, são eles: O exploratório, o descritivo, e o modo bibliográfico. Um trabalho pode ser considerado exploratório quando se efetua determinadas experiências de campo ou de laboratório. Já a forma descritiva é praticada quando se realiza a pesquisa em um ambiente que não nos é, no todo, desconhecido. O modo bibliográfico é praticado quando se realiza uma "leitura" e, às vezes, até mesmo uma "releitura" de um tema que nos interessa. Destaca-se que não há um método melhor do que outro, mas há um tipo mais adequado para cada realidade vivenciada pelo pesquisador. A escolha por um tipo ou por outro de estudo, todavia, só pode feita de forma eficaz caso o pesquisador já tenha um conhecimento pelo menos razoável daquilo que ele centraliza nas suas próprias argumentações. Quando o investigador já possui uma boa experiência, há, evidentemente, a possibilidade de se usar tipos mistos de investigação — como, por exemplo, uma pesquisa basicamente bibliográfica que, em certos momentos, se aventure como uma atividade exploratória ou descritiva. Apesar disso, é bom se destacar que qualquer atividade descritiva ou exploratória também é, simultaneamente, um experimento bibliográfico — mesmo que, aliás, em suas devidas proporções. Não obstante, uma atividade acadêmica, e até científica, poderá ser exclusivamente bibliográfica, como no caso da física especulativa, por exemplo. Neste caso, portanto, a pesquisa se caracteriza como uma atividade que é reconhecida como um ensaio acadêmico, ou seja, como um tipo de trabalho que se caracteriza pela defesa franca (e até aberta!) de uma ideia que não é necessariamente comprovada — através de uma prova empírica e ou experimental, sobretudo. A abordagem de pesquisa é o horizonte conceitual adotado pelo pesquisador para a observação, para a análise e para a compreensão do seu próprio objeto de investigação. Há três abordagens de pesquisa, são elas: A qualitativa, a quantitativa e a qualiquantitativa. Geralmente as principais diferenças entre estas três formas de abordamos uma pesquisa tornam-se mais nítidas na coleta e na análise dos dados recolhidos em um trabalho de campo. O eixo secundário que determina a confecção de qualquer atividade de pesquisa é formado pela justificativa e pela problematização. A justificativa é a descrição minuciosa das prováveis vantagens que serão ocasionadas por meio de uma investigação; e a problematização é a apresentação e a respectiva contextualização do problema de pesquisa, geralmente ela se finaliza com a apresentação de uma pergunta clara e objetiva que esteja volta-

100 Descomplicando o Complicado

da estritamente para o tema. Os objetivos devem ser encarados como as metas que o estudante visa alcançar através de sua própria atividade de estudo e pesquisa. Além disto, eles se inter-relacionam diretamente com a abordagem de pesquisa, pois é por meio da compreensão dos objetivos que o estudante, por exemplo, poderá elaborar um questionário de pesquisa ou um roteiro de entrevista. Portanto, eles também devem ser alinhados com as nossas próprias necessidades teórico-metodológicas, servindo, inclusive, como um percurso para a confecção da pesquisa. Os objetivos devem ser definidos com clareza, praticidade e precisão. A fundamentação teórica é simplesmente a apresentação da teoria e dos paradigmas que circunscrevem o seu objeto de pesquisa. Há dois tipos de ferramentas teórico-metodológicas, que são elas as primárias e as secundárias. De maneira geral, classificamos o campo empírico, o universo e a amostra como os mecanismos primários; e, por sua vez, o questionário, o roteiro de entrevista e o plano de trabalho como os mecanismos secundários. O campo empírico é o local onde a pesquisa é realizada e o universo pode ser entendido como o conjunto populacional que vivencia com certa frequência o fenômeno que o estudante visa compreender, no qual a amostra é simplesmente uma parcela deste universo. No campo empírico é necessário se esboçar as principais características físicas, culturais, normativas e até psicológicas do local onde a pesquisa será cumprida. Logo, é por meio de sua rigorosa análise que o estudante poderá compreender como determinados fenômenos ocorrem em uma organização em particular. O universo de pesquisa depende do corte que vamos estabelecer para a coleta, para a análise e para a compreensão do nosso próprio objeto de investigação — e, aliás, até mesmo da disponibilidade de recursos e do tempo que temos ao nosso próprio alcance para a realização desta observação. O universo de pesquisa se classifica em finito (até 50.000 elementos) ou em infinito (mais de 50.000 elementos). A amostra deve ser selecionada preferencialmente por métodos estatísticos de tal forma que ela apresente as principais características desse universo ou população, só que elas também devem ser definidas de acordo com a disponibilidade de tempo e de recursos que se encontram ao alcance do investigante. Por consequência, quanto à organização do planejamento amostral, o estudante pode utilizar-se de dois horizontes interpretativos, são eles: o probabilístico e o não-probabilístico. Tanto a perspectiva probabi-

Resumos

101

lística como a não-probabilística têm seus próprios benefícios e desvantagens. A principal vantagem da amostra probabilística é a sua capacidade de medir o erro amostral e de garantir, consequentemente, a precisão da prova obtida. Já a não-probabilística facilita a elaboração de um plano amostral capaz de abonar a realização de diversas investigações, principalmente em pesquisas iniciais. Um plano amostral não deve ser elaborado de qualquer maneira, pois ele deve obedecer, em primeiro lugar, as necessidades teórico-metodológicas que cada pesquisador tem nas suas próprias atividades de investigação. Logo, a amostra deve ser baseada no reconhecimento de todos os pormenores, particularidades e feitios do universo que circunscreve o fenômeno que estudante observa. A maneira estatisticamente correta de se definir uma amostra de pesquisa é através de métodos probabilísticos, pois só este tipo de amostragem é capaz de garantir uma perspectiva praticamente igual de todos os membros do universo formar a provável amostra a ser selecionada. Há nove maneiras distintas de se elaborar uma amostra de pesquisa, são elas: Para a modalidade probabilística, a aleatória simples, a aleatória estratificada, a sistemática, a por conglomerados e por múltiplos estágios; e para a não-probabilística, a bola de neve, a acidental, a por conveniência, e a por cotas. Um questionário de pesquisa pode conter questões abertas, fechadas e de múltipla escolha e, portanto, ele é um instrumento escrito que visa facilitar a coleta das informações que o investigante necessita ter. Já a entrevista, geralmente, se manifesta por meio da oralidade. O plano de trabalho não é apenas mais uma parte chata da monografia, porque é, contudo, um excelente mecanismo que pode acelerar a realização de qualquer pesquisa.

***

Resumo do capítulo 4

O texto é um instrumento de comunicação e de perpetuação do saber científico na nossa sociedade, o que, aliás, valoriza ainda mais a sua importância inata para a "eterna" reestruturação da ciência. Portanto, a construção do texto é de fundamental importância para qualquer atividade investigativa que a ciência desenvolve em todos os campos do saber. Agora, como fazer o texto de uma monografia? Como o texto de qualquer pesquisa acadêmica sempre deve ser claro, objetivo, conciso e ordenado, pois a sua principal função é ser um eficiente mecanismo de esclarecimento e de superação das diversas formas de ignorância que dificultam a satisfação de todas as nossas necessidades e expectativas, logo o ideal é que ele seja feito com clareza, objetividade, concisão e ordenação metodológica. Por consequência, percebe-se que um texto para ser um bom texto acadêmico não necessita ser uma reunião imensa de palavras, frases, parágrafos e páginas, visto que a qualidade do trabalho acadêmico não se mensura pela extensão de suas argumentações, no entanto pela sua clareza, objetividade, concisão e ordenação discursiva em relação ao cumprimento irrestrito de determinadas metas. A monografia é formada por três partes distintas: A introdução, o desenvolvimento e a conclusão. O ideal é que a introdução seja a última coisa que aluno vai fazer no texto de sua monografia. Já no desenvolvimento, o aluno iniciará a apresentação dos capítulos através da exposição das definições, do histórico e das novas abordagens que envolvem o seu tema de pesquisa, enfatizando os seus paradigmas, as suas principais características e particularidades. Na conclusão, por sua vez, que é último capítulo da monografia, ele deverá elaborar uma breve sinopse de toda a sua labuta investigativa apresentando, novamente, o seu tema, o seu problema, a sua hipótese, a sua abordagem de pesquisa, o tipo de estudo, os seus objetivos e a sua justificativa. Quanto à apresentação do trabalho oral, é bom se enfatizar que ela não é um monstro de sete cabeças, pois, como qualquer outra atividade acadêmica, há técnicas que viabilizam a sua realização eficaz. Consequentemente, o aluno necessita, acima de qualquer outra coisa, confiar, primeiramente, na sua própria capacidade individual. Visto que se ele mantiver a clareza, a objetividade, a concisão e a fidelidade pelo roteiro "prévio", que já foi montado nos objetivos do trabalho, certamente a sua apresentação não será uma atividade tão complicada. A última coisa que aconselhamos, portanto, é que o aluno faça um ensaio prévio de sua apresentação, pois esta oportunidade poderá ser utilizada para o aprimoramento da sua futura exposição. Por fim, destaca-se que o estudante deve procurar superar as suas próprias deficiências pelo estudo, pela leitura e pela reflexão, pois só assim poderá realizar com desenvoltura qualquer atividade que lhe diz respeito.

***

Notas

[1] A ciência, de forma simples, pode ser definida como o conhecimento que é adquirido pela leitura e pela meditação e por esta razão, sobretudo, é algo sempre próximo da instrução e da erudição e, até mesmo, da própria sabedoria. No entanto, ela também é o conjunto sistematizado dos conhecimentos socialmente "produzidos" pelo homem que foram historicamente acumulados pela sociedade. Que, aliás, tem como principal característica o caráter universal e objetivo de suas próprias descobertas e argumentações, pois é algo que possui as suas próprias teorias e linguagens que visam abarcar a definição da natureza e das atividades tipicamente humanas.

[2] O que reforça, ainda mais, o caráter hermético da produção científica para a maioria dos alunos dos cursos de graduação e, até mesmo, de pós-graduação em todas as universidades do nosso país, sejam elas públicas ou particulares.

[3] Inclusive evidenciando possíveis sinergias e interdependências com outros objetos de estudo.

[4] Quando falo em professores, também estou incluindo os mestres, doutores e pós-doutores!

[5] Que, certamente, serão um pouco inferiores as notas dos alunos que "compreenderam" como o sistema "funciona" e que, portanto, não rebatem o saber dado como válido nas salas de aulas.

[6] O que não é muito difícil, pois a imensa maioria das pessoas apenas valoriza o conhecimento dado como válido pelas academias, o dinheiro e os anos de estudo e, consequentemente, desconsideram os valores de caráter que todo ser humano deveria ter, em todas as suas relações interpessoais, principalmente.

[7] Que, aliás, permeiam a vida de muitas pessoas.

[8] Como também todas as outras formas que o homem elaborou para explicar a sua própria existência.

104 Descomplicando o Complicado

[9] Até porque não pretendemos praticar um tipo de proselitismo por uma forma ou por outra maneira de se responder as perguntas que permeiam a vida de qualquer pessoa, notadamente porque esta discussão é até desnecessária para este trabalho.

[10] Que foi, talvez, um dos períodos mais críticos da civilização ocidental.

[11] Como foi o caso dos impérios pré-colombianos no continente americano que foram brutalmente dominados pelos espanhóis.

[12] Que, tecnicamente, se iniciou nas revoluções dos príncipes alemães que trocavam de religião como se trocava de roupa, de maneira especial para se ter mais terra e, consequentemente, mais poder em suas próprias mãos.

[13] Mesmo que atualmente ele não afirme isto de uma forma tão escancarada como foi no século XIX, por exemplo.

[14] Como já nos referimos de forma superficial anteriormente.

[15] Que se materializam na nossa própria vida cotidiana, sobretudo através das vacinas, do conforto e do bem-estar que, de certo modo, facilitam a vida de muitas pessoas.

[16] Foi, portanto, por este motivo, principalmente, que desenvolvemos o tópico anterior.

[17] Pelo menos para o método clássico, pois para as novas abordagens entender o todo também é essencial para a consolidação do saber científico.

[18] Pelo menos esta é a postura adotada pela ciência clássica, visto que os paradigmas mais recentes da ciência tentam se aproximar destas questões.

[19] Como também, certamente, poderá ter uma nota mais condizente

Notas 105

com as suas próprias necessidades de autorrealização e de autossatisfação, por exemplo.

[20] Que é conveniente, ou não, com a visão de nossos próprios professores.

[21] Notadamente para a consolidação daquilo que almejamos realizar.

[22] Até porque ele é altamente eficaz na consolidação de todas as coisas que se encontram sobre a sua própria responsabilidade.

[23] Que, aliás, são imprescindíveis para a concretização do trabalho acadêmico e que, consequentemente, estruturam o modelo de se fazer a ciência que ele adotou para as suas próprias atividades estudantis.

[24] E, muitas vezes, na própria pós-graduação.

[25] Como realmente é na maioria dos trabalhos acadêmicos feitos pelos alunos de graduação.

[26] Pelo menos na mentalidade de alguns pesquisadores que são capazes de superarem as fórmulas de bolo, e que procuram em suas próprias atividades acadêmicas novas soluções para alguns problemas que já "foram" resolvidos por outras pessoas.

[27] Notadamente como uma ferramenta que abaliza mais um modelo explicativo — que, aliás, o homem utiliza para satisfazer as suas próprias necessidades e expectativas.

[28] Falamos "quase sempre" porque, às vezes, dependendo das próprias necessidades de autorrealização e de autossatisfação do pesquisador ele pode elaborar uma nova metodologia para um fenômeno que interesse as suas próprias investigações. No entanto, ainda é a boa e velha busca por mecanismos epistemológicos, mesmo que seja uma atividade que foi concretizada através de uma nova metodologia de trabalho.

[29] De forma acessível e prática, inclusive.

106 Descomplicando o Complicado

[30] O que facilita, inclusive, a compreensão da tríade conceitual tema — problema —hipótese.

[31] Muitas vezes indicando novas formas para que ele seja provocado e, consequentemente, testado e validado por outras investigações em outras circunstâncias e contextos.

[32] E, aliás, entre elas as prováveis respostas que a ciência tem como devir existencial — que são elas: "O que somos; de onde viemos; e para onde vamos".

[33] Que estruturam os fenômenos que são estudados pela ciência.

[34] Que, neste texto, definimos como sendo o eixo básico do trabalho acadêmico.

[35] Além do domínio pleno de todas as ferramentas epistemológicas que fundamentam a construção do saber científico.

[36] Que montamos para analisar determinado tipo de fenômeno que nos interessa, ela poderá ser válida ou inválida.

[37] E até na própria pós-graduação, sobretudo nos trabalhos de especialização e de mestrado e, às vezes, até no doutorado e pós-doutorado!

[38] Ocasionando, consequentemente, um visível prejuízo financeiro para a empresa.

[39] E muitas vezes interferem muito mais do que os gerentes inábeis imaginam.

[40] Que pode ser definido de acordo com as expectativas e com as necessidades do pesquisador. Além disto, também destacamos que a estatística é uma das principais ferramentas que o pesquisador tem ao seu dispor para realizar qualquer atividade de investigação. Infelizmente, ainda é muito comum existir professores deste campo do saber visivelmente inábeis em evidenciar para os alunos a importância desta disci-

Notas 107

plina para a confecção de qualquer pesquisa. Estranhamente esta falha ocorre porque eles supervalorizam a própria estatística em relação aos demais saberes. Apesar de suas evidentes virtudes e particularidades, a estatística, contudo, sem o acréscimo conceitual e existencial de outras ciências, não passa de uma simples maneira de se manifestar a matemática. Sei que muitos professores poderão ficar bem chateados com esta afirmação, porém o que é mais importante a estatística em si ou conhecer adequadamente, digamos, o perfil socioeconômico dos clientes de uma empresa? Os números por si só não afirmam nada, pois não passam de uma simples consequência dos parâmetros validados matematicamente que se manifestam pela interpretação que um pesquisador adota em suas próprias atividades.

[41] O vício de seleção ocorre quando os parâmetros adotados para a formação da amostra são ineficazes para a sua exata coleta e, portanto, para a sua respectiva interpretação. Consequentemente, uma amostra selecionada de forma incorreta inviabiliza os resultados de qualquer pesquisa, pois os seus prováveis resultados não são o reflexo perfeito daquilo que se procura compreender em determinadas situações e contextos.

[42] Além de levar em conta a capacidade do estudante de realizar aquela pesquisa, sobretudo devido a real disponibilidade de tempo e de recursos para aquela atividade particular, como já nos referimos anteriormente.

[43] Até porque estes mecanismos são embasados em técnicas matemáticas, que utilizam fórmulas que asseguram a aleatoriedade para a seleção de um universo (e, sobretudo, de uma amostra) de pesquisa.

[44] Logo após a coleta das informações que são imprescindíveis para a sua atividade de estudo, ou já durante a fase de coleta.

[45] Até porque a seleção de uma prova por esse método não garante a confiabilidade de suas informações.

[46] Que, também, é uma modalidade não-probabilística de constituirmos uma prova de pesquisa que, aliás, é muito utilizada na coleta de opiniões.

108 Descomplicando o Complicado

[47] Porque pode ser aplicada com muita facilidade devido a sua escassa exigência em relação aos critérios de tempo e de recursos financeiros.

[48] Que poderá, inclusive, até reprová-los, dependendo do rigor da banca na hora da correção desta atividade.

[49] Principalmente em algumas investigações acadêmicas que recebem patrocínio externo para a sua confecção, como é o caso das bolsas de iniciação científica do CNPQ, por exemplo.

[50] Certamente que nos estudos de caso.

[51] Principalmente se for uma amostra não-probabilística, como é o caso de uma amostragem feita por conveniência — que, aliás, é altamente indicada para trabalhos iniciais, como é ocorre em muitas monografias de conclusão de curso, por exemplo.

[52] Aqui, certamente, também nos referimos aos textos de pós-graduação, visto que, de maneira geral, o termo monografia significa o estudo de um tema, o que tranquilamente é o que ocorre em qualquer trabalho acadêmico, sejam eles os trabalhos de colação de grau, ou as pesquisas desenvolvidas nas especializações, no mestrado, no doutorado e no pós-doutorado!

[53] Que é um fato que se subentende em qualquer pesquisa nos dias de hoje.

[54] Mesmo que seja algo bem interessante e até recomendado, pois facilita, consideravelmente, a expansão das argumentações defendidas pela ciência para uma parcela mais ampla da humanidade.

[55] Apesar de serem praticadas em muitas situações, de modo deslavado em muitas universidades de nosso país, além disso.

[56] Entre eles a monografia de conclusão de curso.

Notas 109

[57] Que circunscrevem qualquer língua, inclusive o nosso tão temido português!

[58] Que, aliás, foi sendo construída com a confecção daquela pesquisa.

[59] Que pode potencializar o medo inato que muitos alunos têm em relação à apresentação oral de qualquer atividade que se encontre sobre a sua responsabilidade.

[60] Apesar de ajudar, e muito, diversas pessoas!

[61] Sobretudo nos estudos de caso, visto que nos trabalhos bibliográficos podemos seguir outra estrutura para a apresentação. Mesmo assim, é imprescindível se apresentar, logo no início, as considerações que já foram feitas na fase inicial da pesquisa, como o tema, o problema, a hipótese, os objetivos e a justificativa.

[62] Antes de tudo, certamente, ele deve apresentar-se e solicitar a atenção das pessoas presentes, destacando a sua preferência quanto à formulação das perguntas, ou seja, se elas podem feitas no decorrer da apresentação ou no seu final, preferencialmente.

[63] Pelo menos se a nossa pesquisa for realizada através de um estudo de caso descritivo ou exploratório.

***

Respostas dos exercícios

Capítulo 1

Questão 1
Repetir sem o menor pudor e até de forma desavergonhada a resposta que o professor considera como correta, pois na escola e na universidade o aluno não precisa mostrar que sabe, mas pelo menos evidenciar que é capaz de saber repetir o discurso dado como válido pelos especialistas — inclusive por quem nos avalia.

Questão 2
Uma boa nota, geralmente, quase sempre se relaciona com a capacidade inata do aluno em se adequar bem as exigências estabelecidas pelos professores. Portanto, o passo inicial para se responder algo correto é procurar compreender e adaptar-se, em seguida, aos padrões estabelecidos pelos professores como imprescindíveis para se ter uma boa nota, pois o que aluno precisa fazer para passar de ano — ou simplesmente para ter uma nota melhor — é saber perpetuar a resposta considerada como correta, ou seja, ser capaz de repetir o discurso validado pelos especialistas, sobretudo as suas fórmulas, os seus resultados e os seus argumentos.

Questão 3
Acontece por dois motivos. O primeiro deles é porque toda forma de saber tem os seus próprios paradigmas; e a segunda causa é porque pensar de forma diferente é algo que exige muita dedicação e persistência, assim, se já sabemos fazer algo de um modo que é dado como certo, facilmente nós nos acomodamos e raramente iremos procurar outras respostas — inclusive os nossos próprios professores também procedem desta maneira tão singular.

Capítulo 2

Questão 1
A ciência é simplesmente um modelo explicativo, assim como o mito, a filosofia e religião também o são em seus respectivos contextos. Até porque a ciência é uma atividade que também busca, de maneira especial através de seus respectivos meios, as prováveis respostas para as três perguntas básicas que caracterizam a existência humana, que são elas: o que somos; de onde viemos; e para onde vamos.

Questão 2
Como uma maneira bem prática que o homem tem para satisfazer mais rapidamente as suas próprias necessidades e expectativas, portanto ela não é apenas um modelo explicativo, mas um método de trabalho que o homem tem ao seu próprio dispor.

Questão 3
A principal característica da ciência moderna é o uso da razão, visto que o método científico é um mecanismo que se embasa na observação e, principalmente, na possibilidade de se efetuar um teste nas suas próprias conclusões.

Questão 4
A ciência tem esta postura porque ela visa ser mais eficaz que a religião para a análise e para o entendimento de todas as coisas que vivenciamos, sobretudo porque o empirismo também é uma característica fundamental da metodologia adotada pela ciência moderna.

Questão 5
Há dois modos distintos de se fazer a ciência. Há o método tradicional ou o clássico e o atual. As principais características do método clássico podem ser resumidas na análise pormenorizada daquilo que se estuda e na sua respectiva divisão em partes cada vez menores do objeto pesquisado. Já o método atual se fundamenta nas sínteses que visualizam o objeto de estudo de uma maneira plena e inter-relacional.

Respostas dos exercícios   113

Questão 6
Depende, pois, tanto uma abordagem quanto a outra pode ser plenamente eficaz. Todavia, em alguns casos um trabalho se adéqua melhor a uma abordagem de que na outra. Logo, o ideal é que o estudante tenha o domínio pleno de ambas as formas de se fazer a ciência.

Questão 7
A descoberta e a compreensão de mecanismos explicativos que estão intimamente relacionados com o estudo de todos os tipos de fenômenos que interessam a ciência e ao saber acadêmico, de forma geral.

Questão 8
Um mecanismo é uma possível resposta para o problema de pesquisa, que possibilita, além de sua provável solução, a valiosa oportunidade teste no futuro. A finalidade básica do mecanismo no campo do trabalho acadêmico, portanto, é descrever como determinado tipo de fenômeno acontece evidenciado as suas principais características e particularidades.

Capítulo 3

Questão 1
O eixo básico de qualquer pesquisa acadêmica é formado pela tríade conceitual tema, problema e hipótese. Porque, de modo geral, é através destes três elementos que o pesquisador inicia a sua labuta de pesquisa — e que, aliás, até constrói possíveis explicações para o fenômeno que visa analisar e compreender em suas próprias elucubrações explicativas.

Questão 2
O tema pode ser definido como aquilo que vai ser focalizado com maior amplitude em nossas próprias argumentações. O problema é uma pergunta que formulamos sobre aquele tema em particular. A hipótese é uma possível resposta para o problema que vislumbramos em nossa própria pesquisa.

114 Descomplicando o Complicado

Questão 3
Há três maneiras distintas de se fazer uma pesquisa, que são eles: O exploratório, o descritivo, e o modo bibliográfico. Um trabalho pode ser considerado exploratório, quando se efetua determinadas experiências de campo ou de laboratório. Já forma descritiva se define quando ele é praticado em um ambiente que não nos é, no todo, desconhecido, como no caso de uma pesquisa de opinião realizada em uma empresa ou escola, por exemplo. O modo bibliográfico, por sua vez, se define quando ele é praticado através de uma "leitura" e, às vezes, até mesmo uma "releitura" de um tema que nos interessa. Não há, contudo, um método melhor do que outro, mas há um tipo mais adequado para cada realidade vivenciada pelo pesquisador.

Questão 4
A abordagem de pesquisa é o horizonte conceitual adotado pelo pesquisador para a observação, para a análise e para a compreensão do seu próprio objeto de investigação, há três abordagens de pesquisa, que são elas: A qualitativa, a quantitativa e a qualiquantitativa.

Questão 5
O eixo secundário que determina a confecção de qualquer atividade de pesquisa é formado pela justificativa e pela problematização. A justificativa é a descrição minuciosa das prováveis vantagens que serão ocasionadas por meio de uma investigação; e a problematização é a apresentação e a respectiva contextualização do problema de pesquisa, geralmente ela se finaliza com a apresentação de uma pergunta clara e objetiva que esteja voltada estritamente para o tema de pesquisa, ou seja, se conclui pela apresentação da pergunta que sintetiza o problema.

Questão 6
Os objetivos devem ser encarados como as metas que o estudante visa alcançar através de sua própria atividade de estudo e pesquisa e eles devem ser definidos com clareza, praticidade e precisão. ·

Questão 7
É simplesmente a apresentação da teoria e dos paradigmas que circunscrevem o seu objeto de pesquisa.

Questão 8

O campo empírico, o universo, a amostra, o questionário, o roteiro de entrevista e o plano de trabalho são as ferramentas primárias e secundárias, que o estudante tem ao seu próprio dispor para elaborar a sua própria pesquisa, no qual as três primeiras são classificadas como primárias e as três últimas como secundárias.

Questão 9

O campo empírico é o local onde a pesquisa é realizada; e o universo pode ser entendido como o conjunto populacional que vivencia com certa frequência o fenômeno que o estudante visa compreender no qual a amostra é simplesmente uma parcela deste universo.

Questão 10

Não deve ser elaborado de qualquer maneira porque ele deve obedecer, em primeiro lugar, as necessidades teórico-metodológicas que cada pesquisador tem nas suas próprias atividades de investigação.

Questão 11

É através de métodos probabilísticos, pois só este tipo de amostragem é capaz de garantir uma perspectiva praticamente igual de todos os membros do universo formar a provável amostra a ser selecionada.

Questão 12

Podem ser aplicadas de nove maneiras diferentes. Deste modo para a modalidade probabilística temos: A aleatória simples, a aleatória estratificada, a sistemática, a por conglomerados e por múltiplos estágios. Para a modalidade não-probabilística: A amostragem bola de neve, a acidental, a por conveniência, e a por cotas.

Questão 13

Um questionário é um instrumento escrito que visa facilitar a coleta e a tabulação dos dados coletados em uma pesquisa; e uma entrevista, por sua vez, é instrumento de coleta de dados que se fundamenta na oralidade, mesmo que o pesquisador tenha um provável roteiro escrito para facilitar a sua tarefa.

116 Descomplicando o Complicado

Questão 14
Não é apenas mais uma parte chata da monografia, porque ele é um excelente mecanismo que pode acelerar a realização de qualquer pesquisa, desde que seja usado com flexibilidade e com foco no que realmente é importante para a plena execução de qualquer atividade acadêmica e de pesquisa.

Capítulo 4

Questão 1
Ele deve ser feito com clareza, objetividade, concisão e ordenação metodológica. Porque, sobretudo, a sua principal função é ser um eficiente mecanismo de esclarecimento e de superação das diversas formas de ignorância que dificultam a satisfação de todas as nossas necessidades e expectativas.

Questão 2
A clareza, a objetividade, a concisão e a ordenação discursiva. Porque, principalmente um texto para ser um bom texto acadêmico não necessita ser uma reunião imensa de palavras, frases, parágrafos e páginas, visto que a sua qualidade final não se mensura pela extensão física de suas argumentações, porém pelo cumprimento irrestrito de determinadas metas.

Questão 3
De três partes distintas, que são elas: A introdução, o desenvolvimento e a conclusão.

Questão 4
Porque ele não vai precisar corrigi-la como poderá ocorrer com maior incidência nos trabalhos acadêmicos que foram iniciados pela introdução.

Questão 5
Ele vai realizar a apresentação dos capítulos através da exposição das definições, do histórico e das novas abordagens que envolvem o seu tema de pesquisa, enfatizando os seus paradigmas, as suas principais características e particularidades.

Respostas dos exercícios

Questão 6
Ele deverá elaborar uma breve sinopse de toda a sua labuta investigativa apresentando, novamente, o seu tema, o seu problema, a sua hipótese, a sua abordagem de pesquisa, o tipo de estudo, os seus objetivos e a sua justificativa.

Questão 7
A clareza, a objetividade, a concisão e a fidelidade pelo roteiro "prévio" que já foi montado nos objetivos do trabalho.

Questão 8
A última coisa que se aconselha é que o aluno faça um ensaio prévio de sua apresentação, pois esta oportunidade poderá ser utilizada para o aprimoramento da sua futura palestra. Afinal, destaca-se que o estudante sempre deve procurar superar as suas próprias deficiências pelo estudo, pela leitura e pela reflexão.

PORTUGUÊS Não É um BICHO-DE-SETE-CABEÇAS

Autor: *Sérgio Simka*

144 páginas - 1ª edição- 2008
ISBN: 9788573936629
Formato: 14 x 21

Se você vive perdendo a cabeça por causa das dúvidas de português, seus "pobremas", opa, problemas acabaram. Este livro pretende mostrar, de maneira bem despojada, cheia de humor, que as regras da gramática podem conviver pacificamente com os neurônios de quem pôs na cabeça que português é difícil, deixando claro que conhecer o próprio idioma é dispor de um instrumento para a ascenção, ops, ascensão profissional. "Português não é um bicho-de-sete-cabeças", certamente, vai fazer a sua cabeça, pois apresenta a língua portuguesa de um modo que você jamais viu.

À venda nas melhores livrarias.

TCC (Trabalho de Conclusão de Curso) Não é um bicho-de-sete-cabeças

Autores: Sérgio Simka / Wilson Correia
128 páginas - 1ª edição - 2009
ISBN: 9788573938241
Formato: 14 x 21

Você faz ou fará um curso universitário? Desenvolve atividades ligadas à produção do conhecimento em nível de terceiro grau? Interessa-se pela produção e divulgação dos saberes científicos, filosóficos e das artes, nos âmbitos do ensino, da pesquisa e da extensão?

Se respondeu "sim", então este livro foi feito pra você.

Por quê? Porque ele propõe um roteiro que descomplica a atividade de elaboração do Trabalho de Conclusão de Curso superior, o temido TCC, exigência parcial para a obtenção da licenciatura ou do bacharelado em nossas faculdades.

Para muitos, o TCC parece um bicho-de-sete-cabeças, exatamente o que este livro mostra que não é.

Seguindo os passos propostos neste livro, seu TCC ficará um brinco, você obterá o sucesso almejado e poderá sair vida afora, mercado de trabalho adentro e meter a cara pelos meandros da sociedade sem medo de ser feliz.

Boa sorte, sucesso e muita, muita alegria com o seu TCC!

À venda nas melhores livrarias.

Impressão e acabamento
Gráfica da Editora Ciência Moderna Ltda.
Tel: (21) 2201-6662